KB015298

빅데이터 시대에 10대가 꼭 알아야 할
명심보감

온고지신 시리즈

빅데이터 시대에 10대가 꼭 알아야 할

명심보감

초판 인쇄일 2024년 7월 22일
초판 발행일 2024년 8월 1일

지은이   범립본
옮긴이   유 진
펴낸이   김순일
펴낸곳   주니어미래
신고번호   제2024-000016호
주소   경기도 고양시 덕양구 삼송로 222, 현대헤리엇 업무시설동(101동) 301호
전화   02-715-4507
팩스   02-713-4805
이메일   mirae715@hanmail.net
홈페이지   www.miraepub.co.kr
블로그   blog.naver.com/miraepub

ISBN 978-89-7299-571-5 (43140)
ISBN 978-89-7299-565-4(세트)

주니어미래는 미래문화사의 청소년 브랜드입니다.

온고지신 시리즈

빅데이터 시대에 10대가 꼭 알아야 할

명심보감

범립본 지음 | 유진 옮김

주니어
미래

마음을 밝혀 주는 보배로운 거울

《명심보감明心寶鑑》은 예부터 전해지는 금언金言, 명구名句들을 모아 편찬한 책입니다. 중·고등학교 시험에 단골로 출제되기도 하고, 여러 기업의 입사시험 문제로도 출제되어 필수 교양서로 부족함이 없는 동양사상의 길잡이 같은 고전이지요.

유불선 각 분야의 사상을 담고 있기에 동양의 정신세계를 이해하게 해줄 뿐 아니라, 동양과 서양의 문화, 전통과 현대 사이에서 갈피를 잡지 못하는 요즘 사람들이 스스로의 정체성을 찾는 데도 도움을 줍니다.

고전에 담겨 있는, 시대를 초월한 보편적 가치의 이야기를 알고 나면 다른 어떠한 책보다 고전을 읽는 즐거움이 크다는 것을 알게 될 것입니다.

'마음을 밝혀 주는 보배로운 거울'이라는 뜻을 지니고 있는《명심보감》은 아무리 세상이 빠르게 변화하여도, 어쩌면 빠르게 변

화하는 세상이기에 더더욱 사람의 근본인 올바른 양심을 지켜 줄 지혜를 위해 늘 마음에 품고 다녀야 할 교양서적입니다.

《명심보감》에는 어떻게 몸과 마음을 갈고닦아야 하는지, 진정한 효란 무엇인지, 왜 공부를 게을리하면 안 되는지, 어떤 친구를 사귀어야 하는지, 왜 말을 함부로 하면 안 되는지, 분수를 지키며 사는 삶 속에서 찾게 되는 진정한 행복이란 무엇인지, 왜 선하게 살아야 하는지 등 우리가 삶 속에서 부딪히고 고민하는 문제들에 대한 가르침이 담겨 있습니다.

본문의 내용과 같이 조금이라도 실행하며 살아가려고 노력하다 보면 즐겁고 행복한 세상을 만들어 가고, 언제나 지혜로운 삶 속에서 마음의 풍요를 누릴 수 있을 것이라 생각합니다.

《명심보감》이 알려 주는 참다운 마음가짐의 완성을 통해 10대 여러분도 발전적이고 행복한 삶의 기본을 마련하기를 두 손 모아 빕니다.

옮긴이 유진

제12편 성심省心 하

부지런하게, 겸손하게

제 1 편

계선 繼善

선행을 이어 가라

'계繼'는 이어 간다, '선善'은 착하다는 뜻으로,
선악善惡에 관한 글귀들이 주를 이룹니다.
눈앞의 이득이나 당장의 결과에 연연하기보다는
긴 안목으로 세상을 바라볼 것을 가르치며,
세상만사가 인과응보로 귀결됨을 강조하고 있습니다.

빅데이터 시대에 10대가 꼭 알아야 할
명심보감

하늘은 인간의 선악에 반드시 답한다

공자가 말했다.

"선한 일을 하는 사람에게는 하늘이 복으로 갚아 주고,

선하지 않은 일을 하는 사람에게는 하늘이 재앙으로 갚느니라."

子曰: "爲善者, 天報之以福, 爲不善者, 天報之以禍."
자 왈   위 선 자 천 보 지 이 복 위 불 선 자   천 보 지 이 화

선은 아무리 작아도 행하고,
악은 아무리 작아도 행하지 말라

한나라의 소열제(유비)가 임종하려 할 때 다음 황제에게 일렀다.

"선한 일은 작다고 하여 아니하지 말고,

악한 일은 아무리 작다고 해도 하지 말라."

漢昭烈, 將終, 勅後主曰: "勿以善小而不爲, 勿以惡小而爲之."
한 소 열 장 종 칙 후 주 왈   물 이 선 소 이 불 위 물 이 악 소 이 위 지

하루라도 선한 일을 거르지 말라

장자가 말했다.

"하루라도 선한 일을 염두에 두지 않으면
온갖 악이 다 저절로 일어나느니라."

莊子曰: "一日不念善, 諸惡皆自起."
장 자 왈　　　일 일 불 념 선　제 악 개 자 기

선한 일에는 목마른 것처럼,
악한 일에는 귀먹은 것처럼

태공(주나라의 정치가 강태공)이 말했다.

"선한 것을 보거든 목마른 것처럼 하고,
악한 것을 듣거든 귀먹은 것처럼 하라."

또 이르기를

"선한 일은 모름지기 탐내어 하고, 악한 일은 즐겨 하지 말라."

太公曰: "見善如渴, 聞惡如聾." 又曰: "善事須貪, 惡事莫樂."
태 공 왈　　견 선 여 갈　문 악 여 롱　　우 왈　　선 사 수 탐　악 사 막 락

선한 일은 아무리 하여도 부족한 것

마원(후한의 정치가)이 말했다.
"평생토록 선한 일을 하더라도
선한 것은 한없이 부족하고,
단 하루 악을 행하더라도
악은 저절로 넘치게 되느니라."

馬援曰: "終身行善, 善猶不足, 一日行惡, 惡自有餘."
마 원 왈   종 신 행 선 선 유 부 족 일 일 행 악 악 자 유 여

진정으로 자손을 위하는 길

사마온공(북송 때의 정치가 사마광)이 말했다.

"돈을 모아 자손에게 물려주더라도

자손이 반드시 다 지켜 내지 못할 것이다.

책을 모아 자손에게 물려주더라도

자손이 반드시 다 읽지는 못할 것이며,

남몰래 덕을 쌓아서 자손을 위한 계획을 삼는 것만 못하니라."

司馬溫公曰: "積金以遺子孫, 未必子孫能盡守.
사 마 온 공 왈   적 금 이 유 자 손   미 필 자 손 능 진 수

積書以遺子孫, 未必子孫能盡讀, 不如積陰德於冥冥之中,
적 서 이 유 자 손   미 필 자 손 능 진 독   불 여 적 음 덕 어 명 명 지 중

以爲子孫之計也."
이 위 자 손 지 계 야

은혜는 베풀고, 원한은 없게 하라

《경행록》에서 말했다.

"은혜와 의리를 널리 베풀어라.

인생의 어느 길목에서 서로 만나지 않겠는가.

원수와 원한을 맺지 말라.

길이 좁은 곳에서 만나면 피하기 어려우니라."

景行錄曰: "恩義廣施. 人生何處不相逢, 讐怨莫結, 路逢狹處,
경 행 록 왈　　은 의 광 시　인 생 하 처 불 상 봉　수 원 막 결　노 봉 협 처
難回避."
난 회 피

선에는 선으로, 악에도 선으로

장자가 말했다.

"나에게 선하게 하는 사람은 나 또한 선하게 대하고,

나에게 악하게 하는 사람일지라도 나는 역시 선하게 대할 것이다.

내가 이미 남에게 악하게 대하지 않았으면

남도 나에게 악하게 대함이 없을 것이다."

莊子曰: "於我善者, 我亦善之, 於我惡者, 我亦善之.
장 자 왈   어 아 선 자   아 역 선 지   어 아 악 자   아 역 선 지
我旣於人無惡, 人能於我無惡哉."
아 기 어 인 무 악   인 능 어 아 무 악 재

선악의 결과는 반드시 드러난다

동악성제(산신의 이름)가 가르침을 내려 말했다.
"어느 하루 선한 일을 했다고 비록 복이 이르지는 않을지라도
화는 저절로 멀어질 것이요,
어느 하루 악한 일을 했다고 비록 화가 이르지는 않을지라도
복은 저절로 멀어질 것이다.
선한 일을 하는 사람은 봄날 정원의 풀과 같아서
자라는 것이 보이지 않지만 날마다 자라남이 있고,
악한 일을 하는 사람은 칼을 가는 숫돌과 같아서
닳는 것은 보이지 않지만 날마다 줄어드는 바가 있을 것이니라."

東岳聖帝垂訓曰: "一日行善, 福雖未至, 禍自遠矣. 一日行惡,
동 악 성 제 수 훈 왈   일 일 행 선 복 수 미 지 화 자 원 의 일 일 행 악
禍雖未至, 福自遠矣, 行善之人, 如春園之草, 不見其長,
화 수 미 지 복 자 원 의 행 선 지 인 여 춘 원 지 초 불 견 기 장
日有所增, 行惡之人, 如磨刀之石, 不見其損, 日有所虧."
일 유 소 증 행 악 지 인 여 마 도 지 석 불 견 기 손 일 유 소 휴

선한 일은 가까이, 선하지 못한 일은 멀리

공자가 말했다.

"선한 일을 보거든 그에 미치지 못한 것처럼 하고,

선하지 못한 일을 보거든 끓는 물을 만지듯 하라."

子曰: "見善如不及, 見不善如探湯."
자 왈   견 선 여 불 급   견 불 선 여 탐 탕

제**2**편

천명天命
하늘의 명을 따르라

전편인 〈계선繼善〉에 이어서,
권선징악의 주관자로서의 하늘을 부각시키고 있습니다.
선한 자를 보호하고 악한 자를 응징하는 것이
하늘의 진리이자 인간 세상을 관장하는 윤리임을 말하며,
이에 따라 선하게 살라고 가르칩니다.

빅데이터 시대에 10대가 꼭 알아야 할
명심보감

하늘의 뜻을 따르라

맹자가 말했다.
"하늘의 뜻을 따르는 사람은 살고,
하늘의 뜻을 거스르는 사람은 망한다."

孟子曰: "順天者存, 逆天者亡."
맹 자 왈　　순 천 자 존　　역 천 자 망

사람의 마음이 곧 하늘

소강절 선생(송대의 학자 소옹)이 말했다.
"하늘의 들음은 고요하여 소리가 없으니,
푸르고 푸른 하늘 어느 곳에서 찾을까.
높지도 않고 먼 곳에 있지도 않으니
모두가 사람의 마음속에 있느니라."

邵康節先生曰: "天聽寂無音, 蒼蒼何處尋. 非高亦非遠,
소 강 절 선 생 왈　　천 청 적 무 음　창 창 하 처 심　비 고 역 비 원
都只在人心."
도 지 재 인 심

하늘을 속일 수는 없다

현제(도가 관련 인물로 추정)가 가르침을 내려 말했다.

"사람들 사이의 사사로운 말이라도
하늘이 듣는 것은 우레와 같고,
어두운 방 안에서 마음을 속이더라도
귀신이 보는 것은 번개와 같으니라."

玄帝垂訓曰: "人間私語, 天聽若雷, 暗室欺心, 神目如電."
현 제 수 훈 왈　　인 간 사 어　천 청 약 뢰　암 실 기 심　신 목 여 전

악의 두레박을 채우지 말라

《익지서》에서 말했다.
"악의 두레박이 가득 차면
하늘이 반드시 벌을 내릴 것이니라."

益智書云: "惡罐若滿, 天必誅之."
익 지 서 운 　 악 관 약 만 　 천 필 주 지

악행에는 반드시 하늘의 응징이 따른다

장자가 말했다.
"선하지 못한 일로 세상에 이름을 드러낸 자는,
사람이 비록 그를 해치지 않더라도
하늘이 반드시 죽일 것이니라."

莊子曰: "若人作不善, 得顯名者, 人雖不害, 天必戮之."
장 자 왈 　 약 인 작 불 선 　 득 현 명 자 　 인 수 불 해 　 천 필 륙 지

선악도 심은 대로 거둔다

오이를 심으면 오이를 얻고,
콩을 심으면 콩을 얻으니,
하늘의 그물은 넓고 넓어서
성글기는 하지만 새지 않느니라.

種瓜得瓜, 種豆得豆, 天網恢恢, 疏而不漏.
종 과 득 과   종 두 득 두   천 망 회 회   소 이 불 루

하늘에 죄를 지으면 빌 곳이 없다

공자가 말했다.
"하늘에 죄를 지으면 빌 곳이 없느니라."

子曰: "獲罪於天, 無所禱也."
자 왈   획 죄 어 천   무 소 도 야

제5편

순명順命

인간의 뜻만으로는
안 되는 일이 있다

전편의 〈천명天命〉에서는 선악의 주관자로서의 하늘을 말하였고,
이 편에서는 글자 그대로
그러한 하늘의 명命에 순응해야 함을 말하고 있습니다.
주어진 운명을 순순히 받아들이는 수밖에 없다고 말하는 것처럼
보이지만, 실은 하늘과 자연의 이치를 거스르지 말고
적당히 분수를 지키며 살아가라는 가르침을 담고 있습니다.

빅데이터 시대에 10대가 꼭 알아야 할
명심보감

삶과 죽음은 운명에 달려 있다

공자가 말했다.
"죽고 사는 것은 운명에 달려 있고,
잘살고 귀하게 되는 것은 하늘에 달려 있느니라."

子曰: "死生有命, 富貴在天."
자 왈   사 생 유 명   부 귀 재 천

분수는 정해졌거늘

모든 일은 분수가 이미 정해져 있거늘
덧없는 인생이 부질없이 저 혼자 바쁘구나.

萬事分已定, 浮生空自忙.
만 사 분 이 정   부 생 공 자 망

화는 피할 수 없고, 복은 때가 있다

《경행록》에서 말했다.

"화는 요행으로 피할 수 없으며,

복은 두 번 다시 구하지 못하느니라."

景行錄云: "禍不可倖免, 福不可再求."
경 행 록 운　　화 불 가 행 면　복 불 가 재 구

사람의 운수는 하늘이 이끈다

때가 오면 바람이 (왕발을) 등왕각으로 보내고,
운수가 쇠퇴하면 벼락이 천복비를 쳐서 깨뜨리듯 할 것이니라.

時來風送滕王閣, 運退雷轟薦福碑.
시 래 풍 송 등 왕 각   운 퇴 뇌 굉 천 복 비

해설

왕발이 젊을 때에 꿈에 강신江神이 나타나 "내일 등왕각을 중수한 낙성식이 있으니 그 자리에 참석하여 글을 지어 이름을 내라."고 했습니다. 당시 그가 있는 곳에서 등왕각까지는 700리나 되어 하룻밤에 갈 수 없는 거리였으나 왕발은 꿈이 너무나 생생하여 배에 올랐습니다. 그러자 순풍이 불어와 배가 나는 듯이 달려 등왕각에 이르렀고, 왕발은 〈등왕각서〉라는 명문장으로 이름을 떨칠 수 있었습니다.

천복비는 강서성 천복산에 있던 비석으로, 한 가난한 서생이 천복비 비문을 탁본해 오면 보수를 후하게 주겠다는 말에 천복산으로 향했습니다. 그런데 수천 리 길을 달려 당도한 그날 밤에 벼락이 떨어져 비석이 산산조각 나고 말았다고 합니다.

이 두 일화는 사람의 일은 알 수 없어서 때가 이르면 운수가 차고, 아무리 애를 써도 안 될 일은 안 된다는 것을 전해 줍니다.

세상사는 운명에 달렸다

열자가 말했다.

"어리석고 귀먹고 고질이 있고 벙어리라도

집에는 권세가 있고 돈이 있을 수 있으며,

지혜롭고 총명한 사람이지만

도리어 가난할 수 있느니라.

해와 달과 날과 때가 모두 정해져 있으니

헤아려 보면 운명에 달린 것이지,

사람에 달린 것이 아니니라."

列子曰:"癡聾痼啞, 家豪富. 知慧聰明, 却受貧.
열자왈   치롱고아 가호부 지혜총명 각수빈

年月日時該載定, 算來由命不由人."
연월일시해재정 산래유명불유인

제 4 편

효행 孝行

효를 행한다는 것은

모든 행동의 기본이라 할 수 있는
효孝에 대한 글귀가 담겨 있습니다.
구체적인 효의 방법과 마음가짐을 다루며,
나부터 부모에게 효도하는 모습을 보일 때,
자식도 효도의 바람을 이룬다는 가르침을 전합니다.

빅데이터 시대에 10대가 꼭 알아야 할

명심보감

부모의 은혜는 끝이 없으니

《시경》에서 말했다.

"아버님 나를 낳으시고, 어머님 나를 기르셨네.

슬프고도 슬프구나, 부모님이시여!

나를 낳아 기르느라 애쓰셨네.

그 깊은 은혜 갚고자 하나

저 하늘과 같이 끝이 없음이로다."

詩曰: "父兮生我, 母兮鞠我. 哀哀父母, 生我劬勞. 欲報深恩,
시 왈　부혜생아　모혜국아　애애부모　생아구로　욕보심은
昊天罔極."
호 천 망 극

효자의 도리

공자가 말했다.

"효자는 어버이를 섬김에 있어

거처하실 때는 공경을 다하고,

봉양할 때는 즐거움을 다하고,

병드셨을 때는 근심을 다하고,

돌아가셨을 때는 슬픔을 다하고,

제사 지낼 때에는 엄숙함을 다하느니라."

子曰: "孝子之事親也, 居則致其敬, 養則致其樂, 病則致其憂,
자 왈   효 자 지 사 친 야   거 즉 치 기 경   양 즉 치 기 락   병 즉 치 기 우

喪則致其哀, 祭則致其嚴."
상 즉 치 기 애   제 즉 치 기 엄

가는 곳을 알려라

공자가 말했다.
"부모님이 살아 계시면
멀리 떠나 있지 아니하며,
떠날 경우에는
반드시 가는 곳을 말씀드려야 하느니라."

子曰: "父母在, 不遠遊, 遊必有方."
자 왈　　부 모 재　불 원 유　유 필 유 방

부모가 부르면 속히 답하라

공자가 말했다.
"아버지께서 부르시거든
속히 대답하고 머뭇거리지 말 것이며,
음식이 입에 있거든 뱉어 낼 것이니라."

子曰: "父命召, 唯而不諾, 食在口則吐之."
자 왈　 부 명 소　 유 이 불 낙　 식 재 구 즉 토 지

효도 대물림된다

태공이 말했다.
"내가 부모님께 효도하면
내 자식도 효도할 것이니,
내가 이미 효도하지 않았는데
자식이 어찌 효도하리오."

太公曰: "孝於親, 子亦孝之, 身旣不孝, 子何孝焉."
태 공 왈   효 어 친   자 역 효 지   신 기 불 효   자 하 효 언

처마 끝의 물처럼

부모에게 효도하고 순종하는 사람은
또한 효도하고 순종하는 자식을 낳을 것이요,
부모에게 거스르고 거역하는 사람은
또한 거스르고 거역하는 자식을 낳을 것이다.
믿지 못하겠거든 처마 끝의 떨어지는 물을 보아라.
한 방울 한 방울 떨어지는 것이 조금도 어긋남이 없느니라.

孝順, 還生孝順子. 忤逆, 還生忤逆子. 不信, 但看簷頭水.
효 순   환 생 효 순 자   오 역   환 생 오 역 자   불 신   단 간 첨 두 수
點點滴滴不差移.
점 점 적 적 불 차 이

정기正己

자신을 바르게 하라

'정기正己'는 '자신을 바르게 한다'는 뜻으로,
자신을 닦는 일은 모든 일의 기본입니다.
일상생활에서 항상 자신을 돌아보고 반성하며,
매사 너그럽고 부지런하라고 가르치고 있습니다.

빅데이터 시대에 10대가 꼭 알아야 할
명심보감

나를 먼저 돌아보라

《성리서》에서 말했다.

"다른 사람의 선한 점을 보거든 나의 선한 점을 찾고,

다른 사람의 악한 점을 보거든 나의 악한 점을 찾을 것이니

이와 같이 하면 비로소 이로운 점이 있느니라."

性理書云: "見人之善, 而尋己之善, 見人之惡, 而尋己之惡,
성 리 서 운　 견 인 지 선　 이 심 기 지 선　 견 인 지 악　 이 심 기 지 악

如此, 方是有益."
여 차　 방 시 유 익

대장부는 포용할지언정
포용될 일은 하지 않는다

《경행록》에서 말했다.

"대장부는 마땅히 다른 사람을 포용할지언정

다른 사람에게 포용되는 일은 없어야 하느니라."

景行錄云: "大丈夫, 當容人, 無爲人所容."
경 행 록 운　 대 장 부　 당 용 인　 무 위 인 소 용

겸손하라

태공이 말했다.

"자신을 귀하게 여겨 다른 사람을 천하게 여기지 말고,
자신을 크다 여겨 다른 사람을 작게 업신여기지 말며,
자신의 용맹을 믿고서 적을 가볍게 여기지 말라."

太公曰: "勿以貴己而賤人, 勿以自大而蔑小,
태 공 왈   물 이 귀 기 이 천 인   물 이 자 대 이 멸 소
勿以恃勇而輕敵."
물 이 시 용 이 경 적

남의 허물은 들어도 전하지 말라

마원이 말했다.

"다른 사람의 허물을 듣거든 부모의 이름을 들은 것처럼 하여
귀로는 들을지언정 입으로는 말하지 말지니라."

馬援曰: "聞人之過失, 如聞父母之名, 耳可得聞,
마 원 왈   문 인 지 과 실   여 문 부 모 지 명   이 가 득 문
口不可得言也."
구 불 가 득 언 야

선함과 악함을 대하는 태도

소강절 선생이 말했다.

"다른 사람에게 비방을 듣더라도 성내지 말며,

다른 사람에게 칭찬을 듣더라도 기뻐하지 말라.

다른 사람의 나쁜 점을 들을지라도 이에 동조하지 말며,

다른 사람의 선행을 듣거든 나아가 함께 어울리고 또 따라 기뻐할지니라."

때문에 시에서 이렇게 말했다.

"선한 사람 보기를 즐거워하고, 선한 일 듣기를 즐거워하며,

선한 말 하기를 즐거워하고, 선한 뜻 행하기를 즐거워하라.

다른 사람의 악함을 듣거든 가시를 등에 진 듯이 여기고,

다른 사람의 선함을 듣거든 난초와 혜초를 몸에 지닌 듯이 여겨라."

邵康節先生曰: "聞人之謗, 未嘗怒, 聞人之譽, 未嘗喜,
소 강 절 선 생 왈   문 인 지 방   미 상 노   문 인 지 예   미 상 희

聞人之惡, 未嘗和, 聞人之善, 則就而和之, 又從而喜之."
문 인 지 악   미 상 화   문 인 지 선   즉 취 이 화 지   우 종 이 희 지

故其詩曰: "樂見善人, 樂聞善事, 樂道善言, 樂行善意,
고 기 시 왈   낙 견 선 인   낙 문 선 사   낙 도 선 언   낙 행 선 의

聞人之惡, 如負芒刺, 聞人之善, 如佩蘭蕙."
문 인 지 악   여 부 망 자   문 인 지 선   여 패 난 혜

허물을 말해 주는 이가 곧 스승이다

나의 좋은 점을 말해 주는 사람은
곧 내게 해로운 사람이요,
나의 나쁜 점을 말해 주는 사람은
곧 나의 스승이니라.

道吾善者是吾賊, 道吾惡者是吾師.
도 오 선 자 시 오 적   도 오 악 자 시 오 사

부지런하고 매사 조심하라

태공이 말했다.
"부지런함은 값을 매길 수 없는 보배요,
매사 조심함은 몸을 보호하는 부적이니라."

太公曰: "勤爲無價之寶, 愼是護身之符."
태 공 왈   근 위 무 가 지 보   신 시 호 신 지 부

명예를 피하라

《경행록》에서 말했다.

"삶을 보전하려는 사람은 욕심을 적게 하고, 몸을 보전하려는 사람은 명예를 피해야 하니, 욕심을 없게 하기는 쉬우나 명예를 없게 하기는 어려우니라."

景行錄曰: "保生者寡慾, 保身者避名. 無慾易, 無名難."
경 행 록 왈   보 생 자 과 욕 보 신 자 피 명 무 욕 이 무 명 난

군자가 경계해야 할 세 가지

공자가 말했다.

"군자가 경계해야 할 세 가지가 있으니, 어릴 적에는 혈기가 안정되지 않았으니 여색을 경계하고, 장성하면 혈기가 왕성하니 다툼을 경계하고, 늙어서는 혈기는 이미 쇠한지라 탐욕을 경계해야 하느니라."

子曰: "君子有三戒: 少之時, 血氣未定, 戒之在色; 及其壯也,
자 왈   군 자 유 삼 계 소 지 시 혈 기 미 정 계 지 재 색 급 기 장 야

血氣方剛, 戒之在鬪; 及其老也, 血氣旣衰, 戒之在得."
혈 기 방 강 계 지 재 투 급 기 노 야 혈 기 기 쇠 계 지 재 득

밤에 술 취하는 것과
새벽에 화내는 것을 삼가라

손진인(당나라 때의 명의 손사막)이 《양생명》에서 말했다.

"노여움이 심하면 기운을 상하게 하고, 생각이 너무 많으면 정신을 상하게 한다.

정신이 피곤하면 마음이 쉽게 지치고, 기운이 약하면 병이 일어나느니라.

슬퍼하고 기뻐하는 것을 극도에 달하게 하지 말고, 마땅히 음식을 고르게 먹어라.

밤에 술 취하는 것을 거듭 삼가고, 새벽에 화내는 것을 가장 경계하라."

孫眞人養生銘云: "怒甚偏傷氣, 思多太損神. 神疲心易役,
손 진 인 양 생 명 운　　노 심 편 상 기　 사 다 태 손 신　 신 피 심 이 역

氣弱病相因. 勿使悲歡極, 當令飮食均, 再三防夜醉,
기 약 병 상 인　 물 사 비 환 극　 당 령 음 식 균　 재 삼 방 야 취

第一戒晨嗔."
제 일 계 신 진

마음이 맑아지면

《경행록》에서 말했다.
"음식이 담박하면 정신이 맑아지고,
마음이 맑아지면 잠자리가 편안하느니라."

景行錄曰: "食淡精神爽, 心淸夢寐安."
경 행 록 왈   식 담 정 신 상   심 청 몽 매 안

마음을 다스리는 사람이 군자

마음을 안정시켜 사물을 대할 수 있다면
비록 글을 읽지 않더라도
덕 있는 군자라 할 수 있느니라.

定心應物, 雖不讀書, 可以爲有德君子.
정 심 응 물   수 불 독 서   가 이 위 유 덕 군 자

분노와 욕심을 경계하라

《근사록》에서 말했다.
"분노 그치기를 불 끄듯이 하고,
욕심 막기를 물 막듯이 하라."

近思錄云: "懲忿如救火, 窒慾如防水."
근 사 록 운　　징 분 여 구 화　질 욕 여 방 수

몸을 위한 경계

《이견지》에서 말했다.
"여색 피하기를 원수 피하듯이 하고,
바람 피하기를 화살 피하듯이 하며,
빈속에는 차를 마시지 말고,
한밤중에는 밥을 적게 먹어라."

夷堅志云: "避色如避讎, 避風如避箭, 莫喫空心茶,
이 견 지 운　　피 색 여 피 수　피 풍 여 피 전　막 끽 공 심 다
少食中夜飯."
소 식 중 야 반

버려두어도 되는 것들

순자가 말했다.

"쓸데없는 말과 급하지 않은 일은
내버려 두고 다스리지 말라."

荀子曰: "無用之辯, 不急之察, 棄而勿治."
순 자 왈　무 용 지 변　불 급 지 찰　기 이 물 치

무리에 휩쓸리지 말라

공자가 말했다.

"여러 사람이 좋아하더라도 반드시 살펴보아야 하며,
여러 사람이 미워하더라도 반드시 살펴보아야 한다."

子曰: "衆好之, 必察焉, 衆惡之, 必察焉."
자 왈　중 호 지　필 찰 언　중 오 지　필 찰 언

참다운 군자와 대장부

술 취한 중에도 말이 없는 것은 참다운 군자요,
재물에 있어서 태도가 분명한 것은 대장부다.

酒中不語, 眞君子. 財上分明, 大丈夫.
주 중 불 어　진 군 자　재 상 분 명　대 장 부

너그러우면 복이 따른다

모든 일에 너그러움을 따르면
그 복이 저절로 두터워진다.

萬事從寬, 其福自厚.
만 사 종 관　기 복 자 후

입 안에 칼이 있는 사람은
그 칼에 먼저 베인다

태공이 말했다.

"다른 사람을 헤아려 보려거든 먼저 자신을 헤아려 보라.

다른 사람을 해치는 말은 도리어 자신을 해치는 것이니,

피를 머금어 다른 사람에게 뿜으려 하면

먼저 자신의 입을 더럽히느니라."

太公曰: "欲量他人, 先須自量. 傷人之語, 還是自傷, 含血噴人,
태공왈　욕량타인　선수자량　상인지어　환시자상　함혈분인
先汚其口."
선오기구

유희보다 부지런함

모든 유희에는 유익한 것이 없고,

오직 부지런함만이 공이 있게 된다.

凡戱無益, 惟勤有功.
범희무익　유근유공

오해 살 행동은 먼저 삼가라

태공이 말했다.

"다른 사람의 오이 밭에는 신을 들이지 말고,

오얏나무 아래서는 갓을 고쳐 쓰지 말라."

太公曰: "瓜田不納履, 李下不整冠."
태 공 왈　　과 전 불 납 리　이 하 부 정 관

편안함은 수고로움에서 생긴다

《경행록》에서 말했다.

"마음은 편할지언정 몸은 수고롭게 하지 않을 수 없고,

도는 즐길지언정 몸은 근심하지 않을 수 없으니,

몸이 수고롭지 않으면 게을러져서 허물어지기 쉽고,

몸이 근심하지 않으면 주색에 빠져 다스리기 어렵다.

그러므로 편안함은 수고로움에서 생겨야 항상 기쁠 수 있고,

즐거움은 근심하는 데서 생겨야 싫증이 없나니,

편안하고 즐거우려는 사람이 근심과 수고로움을 어찌 잊을 수

있겠는가?"

景行錄曰: "心可逸, 形不可不勞. 道可樂, 身不可不憂.
경 행 록 왈　심 가 일　형 불 가 불 로　도 가 락　신 불 가 불 우

形不勞則怠惰易弊, 身不憂則荒淫不定. 故逸生於勞而常休,
형 불 로 즉 태 타 이 폐　신 불 우 즉 황 음 부 정　고 일 생 어 로 이 상 휴

樂生於憂而無厭. 逸樂者憂勞, 豈可忘乎."
낙 생 어 우 이 무 염　일 락 자 우 로　기 가 망 호

다른 사람의 허물에는
귀 막고, 눈 감고, 입 막으라

귀로는 다른 사람의 그릇됨을 듣지 않고,
눈으로는 다른 사람의 단점을 보지 않으며,
입으로는 다른 사람의 허물을 말하지 않아야 군자에 가까우니라.

耳不聞人之非, 目不視人之短, 口不言人之過, 庶幾君子.
이 불 문 인 지 비 목 불 시 인 지 단 구 불 언 인 지 과 서 기 군 자

말을 삼가라

채백개(후한의 서예가 채옹)가 말했다.
"기뻐하고 노여워하는 것은 마음속에 있고,
말은 입 밖으로 나가는 것이니 삼가지 않을 수 없느니라."

蔡伯喈曰: "喜怒在心, 言出於口, 不可不愼."
채 백 개 왈   희 노 재 심 언 출 어 구 불 가 불 신

게으른 이는 아무것도 할 수 없다

재여가 낮잠 자는 것을 보고, 공자가 말했다.

"썩은 나무에는 조각을 하지 못하고,

더러운 흙으로 쌓은 담장은 흙손질하지 못하느니라."

宰予晝寢, 子曰: "朽木不可雕也. 糞土之墻, 不可圬也."
재 여 주 침   자 왈   후 목 불 가 조 야   분 토 지 장   불 가 오 야

교육에 대한 열정이 누구보다 컸던 공자가 낮잠을 자던 재여에게 학문에 대한 게으름을 꾸짖은 것입니다.

평생을 두고 경계하라

자허원군(도가의 인물이라 추정)이 〈성유심문誠諭心文〉(마음을 진실되게 깨우치는 글)에서 말했다.

"복은 맑고 검소한 데서 생기고, 덕은 자신을 낮추고 겸손한 데서 생기고, 도는 편안하고 고요한 데서 생기고, 생명은 조화롭고 화창한 데서 생기고, 근심은 욕심이 많은 데서 생기고, 화는 탐욕이 많은 데서 생기고, 허물은 경솔하고 교만한 데서 생기고, 죄악은 어질지 못한 데서 생긴다.

눈을 경계하여 다른 사람의 그릇됨을 보지 말고, 입을 경계하여 다른 사람의 단점을 말하지 말고, 마음을 경계하여 탐내고 성내지 말고, 몸을 경계하여 나쁜 벗을 따르지 말라.

유익하지 않은 말을 함부로 하지 말고, 나와 관계없는 일은 함부로 관여하지 말라.

임금을 높이고, 부모에게 효도하며, 어른을 공경하고, 덕이 있는 사람을 받들며, 지혜로운 사람과 어리석은 사람을 분별하고, 무지한 사람을 너그럽게 대하라.

사물이 순리대로 오거든 물리치지 말고, 사물이 이미 지나갔거든 뒤쫓지 말며, 좋은 때를 만나지 못했거든 바라지 말고, 일이 이미 지나갔거든 생각지 말라.

총명한 사람도 어두운 때가 많고, 잘 세운 계획도 편의를 잃는

수가 있다. 다른 사람에게 손해를 입히면 결국 자신도 손실을 입고, 권세에 기대면 재앙이 따르게 된다.

마음을 경계하고 기운을 지켜야 한다. 절약하지 않으면 집안이 망하고, 청렴하지 않으면 지위를 잃는다.

그대에게 평생을 두고 스스로 경계하기를 권하노니, 탄식하며 깨우치고 두려워하라.

위로는 하늘의 거울이 굽어보고, 아래로는 땅의 신령이 살피고 있다. 밝은 곳에서는 세 가지 법이 서로 이어 있고, 어두운 곳에서는 귀신이 서로 잇따른다.

오직 바른길을 지키고 마음을 속이지 말 것이니 경계하고 경계하라."

紫虚元君誠諭心文曰: "福生於清儉, 德生於卑退, 道生於安靜,
자 허 원 군 성 유 심 문 왈　복 생 어 청 검　덕 생 어 비 퇴　도 생 어 안 정

命生於和暢, 憂生於多慾, 禍生於多貪, 過生於輕慢, 罪生於不仁.
명 생 어 화 창　우 생 어 다 욕　화 생 어 다 탐　과 생 어 경 만　죄 생 어 불 인

戒眼莫看他非, 戒口莫談他短, 戒心莫自貪嗔, 戒身莫隨惡伴.
계 안 막 간 타 비　계 구 막 담 타 단　계 심 막 자 탐 진　계 신 막 수 악 반

無益之言, 莫妄說, 不干己事, 莫妄爲. 尊君王孝父母,
무 익 지 언　막 망 설　불 간 기 사　막 망 위　존 군 왕 효 부 모

敬尊長奉有德, 別賢愚恕無識. 物順來而勿拒, 物旣去而勿追,
경 존 장 봉 유 덕　별 현 우 서 무 식　물 순 래 이 물 거　물 기 거 이 물 추

身未遇而勿望, 事已過而勿思. 聰明, 多暗昧, 算計, 失便宜.
신 미 우 이 물 망　사 이 과 이 물 사　총 명　다 암 매　산 계　실 편 의

損人終自失, 依勢禍相隨, 戒之在心, 守之在氣, 爲不節而亡家,
손 인 종 자 실　의 세 화 상 수　계 지 재 심　수 지 재 기　위 부 절 이 망 가

因不廉而失位. 勸君自警於平生, 可歎可驚而可畏,
인 불 렴 이 실 위　권 군 자 경 어 평 생　가 탄 가 경 이 가 외

上臨之以天鑑, 下察之以地祇, 明有三法相繼, 暗有鬼神相隨,
상 림 지 이 천 감　하 찰 지 이 지 기　명 유 삼 법 상 계　암 유 귀 신 상 수

惟正可守, 心不可欺, 戒之戒之."
유 정 가 수　심 불 가 기　계 지 계 지

제6편

안분 安分
분수를 지키며
편안한 마음으로

'안분安分'이란 자기에게 주어진 분수를 지키며
편안한 마음으로 사는 것입니다.
분수를 지킨다는 것은 자신이 처한 상황에
불평불만하지 않고 그 안에서 끊임없이 노력하며,
이에 만족하고 사는 것을 이릅니다.

빅데이터 시대에 10대가 꼭 알아야 할
명심보감

만족은 즐거움을, 탐욕은 근심을 부른다

《경행록》에서 말했다.
"만족할 줄 알면 즐거울 것이나,
탐욕에 힘쓰면 근심하느니라."

景行錄云: "知足可樂, 務貪則憂."
경 행 록 운   지 족 가 락 무 탐 즉 우

만족할 줄 알면 즐겁다

만족할 줄 아는 사람은
가난하고 비천하더라도 즐거워하고,
만족할 줄 모르는 사람은
부귀를 누려도 근심하게 된다.

知足者, 貧賤亦樂, 不知足者, 富貴亦憂.
지 족 자 빈 천 역 락 부 지 족 자 부 귀 역 우

필요 이상의 생각과 행동은 해로우니

분수에 넘치는 생각은
한갓 정신만 상하게 할 뿐이요,
망령된 행동은
도리어 재앙을 부른다.

濫想徒傷神, 妄動反致禍.
남 상 도 상 신   망 동 반 치 화

그쳐야 할 때를 알면

만족할 줄을 알아 항상 만족하면
평생토록 욕됨이 없고,
그칠 줄을 알아 항상 그치면
평생토록 부끄러움이 없을 것이다.

知足常足, 終身不辱, 知止常止, 終身無恥.
지 족 상 족   종 신 불 욕   지 지 상 지   종 신 무 치

교만하지 말라

《서경》에서 말했다.

"가득 차면 덜어 내게 마련이고, 겸손하면 이익을 얻느니라."

書經曰: "滿招損, 謙受益."
서 경 왈　만 초 손　겸 수 익

안분지족이 제일이라

《안분음》에서 말했다.

"분수에 편안해하면 몸에 욕됨이 없고,

기미를 알면 마음이 절로 한가하니라.

비록 인간 세상에 산다고 하더라도

인간 세상을 벗어난 것이니라."

安分吟曰: "安分身無辱, 知機心自閑, 雖居人世上,
안 분 음 왈　안 분 신 무 욕　지 기 심 자 한　수 거 인 세 상

却是出人間."
각 시 출 인 간

주제 넘는 참견은 하지 말라

공자가 말했다.

"그 자리에 있지 않으면

그 정사를 논하지 말지니라."

子曰: "不在其位, 不謀其政."
자 왈   부 재 기 위   불 모 기 정

제 7 편

존심 存心
지켜야 할 것은 마음

'존심存心'은 마음을 보존하라는 뜻으로
철저한 자기 관리를 바탕으로
어떠한 상황에서도 흔들림 없이
한결같은 마음을 유지해야 한다고 말합니다.

빅데이터 시대에 10대가 꼭 알아야 할
명심보감

몸가짐을 바르게 하라

《경행록》에서 말했다.
"밀실에 앉아 있더라도
사통팔달의 대로에 있듯이 하고,
작은 마음을 제어하기를
여섯 필의 말을 부리듯이 하면
허물을 면할 수 있느니라."

景行錄云: "坐密室, 如通衢, 馭寸心, 如六馬, 可免過."
경 행 록 운　　좌 밀 실　여 통 구　어 촌 심　여 육 마　가 면 과

부귀는 재천이라

《격양시》에서 말했다.

"부귀를 만일 지혜나 힘으로 얻을 수 있다면

중니(공자)는 젊은 나이에 마땅히 제후에 봉해졌을 것이다.

세상 사람들은 저 푸른 하늘의 뜻을 알지 못하고,

부질없이 몸과 마음을 한밤중까지 근심하게 한다."

擊壤詩云: "富貴如將智力求, 仲尼年少合封侯.
격 양 시 운   부 귀 여 장 지 력 구 중 니 연 소 합 봉 후

世人不解靑天意, 空使身心半夜愁."
세 인 불 해 청 천 의 공 사 신 심 반 야 수

남을 꾸짖는 마음으로 나를 꾸짖고
나를 용서하는 마음으로 남을 용서하라

범충선공(북송 때의 정치가 범순인)이 자제를 훈계하여 말했다.

"사람이 비록 지극히 어리석을지라도 다른 사람을 꾸짖는 데는
밝고,

비록 총명할지라도 자신을 용서함에는 어둡다.

너희들은 마땅히 다른 사람을 꾸짖는 마음으로 자신을 꾸짖고,

자신을 용서하는 마음으로 다른 사람을 용서한다면

성현의 경지에 이르지 못할까 근심할 것이 없느니라."

范忠宣公戒子弟曰: "人雖至愚, 責人則明, 雖有聰明,
범 충 선 공 계 자 제 왈   인 수 지 우   책 인 즉 명   수 유 총 명

恕己則昏, 爾曹但當以責人之心, 責己恕己之心.
서 기 즉 혼   이 조 단 당 이 책 인 지 심   책 기 서 기 지 심

恕人則不患不到聖賢地位也."
서 인 즉 불 환 부 도 성 현 지 위 야

갖추었어도 없는 듯 해야 할 것

공자가 말했다.

"총명하고 생각이 깊을지라도 어리석음으로 이를 지켜야 하고,

공적이 천하를 뒤덮을지라도 사양함으로 이를 지켜야 하며,

용맹함이 세상에 떨칠지라도 두려워함으로 이를 지켜야 하고,

부유하여 온 천하를 갖고 있더라도 겸손함으로 이를 지켜야 하느니라."

子曰: "聰明思睿, 守之以愚, 功被天下, 守之以讓, 勇力振世,
자 왈   총명사예 수지이우 공피천하 수지이양 용력진세
守之以怯, 富有四海, 守之以謙."
수지이겁 부유사해 수지이겸

베푼 은혜는 잊고, 힘들었던 시절은 기억하라

《소서》에서 말했다.

"박하게 베풀고서 후하게 바라는 사람에게는 보답이 없고,

귀하게 되었다고 비천했던 때를 잊은 사람은 오래가지 못한다."

素書云: "薄施厚望者不報, 貴而忘賤者不久."
소 서 운   박 시 후 망 자 불 보   귀 이 망 천 자 불 구

베풀 때는 보답을 바라지 말라

은혜를 베풀었거든

보답을 바라지 말고,

남에게 주었거든

뒤에 뉘우쳐 아깝다 여기지 말라.

施恩勿求報, 與人勿追悔.
시 은 물 구 보   여 인 물 추 회

담력은 크게, 마음은 세심하게

손사막(당나라의 의학자)이 말했다.

"담력은 크게 가져야 하되 마음은 세심해야 하고,

지혜는 통달해야 하되 행동은 방정方正해야 하느니라."

孫思邈曰: "膽欲大而心欲小, 知欲圓而行欲方."
손 사 막 왈   담 욕 대 이 심 욕 소   지 욕 원 이 행 욕 방

늘 신중하고 조심하라

생각은 전쟁터에 나가는 날처럼 하고,

마음은 항상 외나무다리를 건널 때와 같이 하라.

念念要如臨戰日, 心心常似過橋時.
염 념 요 여 림 전 일   심 심 상 사 과 교 시

마음에 거리낌이 없게 하라

법을 두려워하면 아침마다 즐겁고,
공적인 일을 속이면 날마다 근심하게 되느니라.

懼法朝朝樂, 欺公日日憂.
구 법 조 조 락   기 공 일 일 우

입단속을 병마개 막듯

주문공(성리학을 집대성한 북송의 유학자 주희)이 말했다.
"입단속하기를 병마개 막듯 하고,
생각 막기를 성문 지키듯 하라."

朱文公曰: "守口如瓶, 防意如城."
주 문 공 왈   수 구 여 병   방 의 여 성

마음에 거리낌은 얼굴에 나타난다

마음속으로 다른 사람을 저버리지 않으면
얼굴에 부끄러운 기색이 없게 된다.

心不負人, 面無慙色.
심 불 부 인 면 무 참 색

필요 이상의 생각과 계획

백 년을 사는 사람은 없건만
부질없이 천 년의 계획을 세운다.

人無百歲人, 枉作千年計.
인 무 백 세 인 왕 작 천 년 계

후회를 막는 여섯 가지

구래공(북송 때의 정치가 구준)이 〈육회명〉(여섯 가지 후회할 만한 일을 경계한 글)에서 말했다.

"벼슬아치가 사사롭게 부정한 일을 행하면 벼슬을 잃었을 때 후회하고,

부유할 적에 아껴 쓰지 않으면 가난해졌을 때 후회하느니라.

젊었을 때 재주를 배우지 않으면 시기가 지나고서 후회하고,

일을 보고 배우지 않으면 필요하게 되었을 때 후회하느니라.

술 취한 뒤에 함부로 말하면 깨어났을 때 후회하고,

건강할 때 휴식을 취하지 않으면 병든 뒤에 후회하느니라."

寇萊公六悔銘云: "官行私曲失時悔, 富不儉用貧時悔,
구 래 공 육 회 명 운   관 행 사 곡 실 시 회   부 불 검 용 빈 시 회

藝不少學過時悔, 見事不學用時悔, 醉後狂言醒時悔,
예 불 소 학 과 시 회   견 사 불 학 용 시 회   취 후 광 언 성 시 회

安不將息病時悔."
안 부 장 식 병 시 회

부유하면서 근심 많은 것보다
가난해도 마음 편한 것이 낫다

《익지서》에서 말했다.

"근심 없이 가난하게 살지언정

근심하면서 부유하지 말 것이요,

근심 없이 초가집에 살지언정

근심하며 좋은 집에서 살지 말 것이요,

병 없이 거친 밥을 먹을지언정

좋은 약을 먹으면서 병치레하지 말지니라."

益智書云: "寧無事而家貧, 莫有事而家富, 寧無事而住茅屋,
익 지 서 운   영 무 사 이 가 빈   막 유 사 이 가 부   영 무 사 이 주 모 옥

不有事而住金屋. 寧無病而食麤飯, 不有病而服良藥."
불 유 사 이 주 금 옥   영 무 병 이 식 추 반   불 유 병 이 복 양 약

마음의 평안이 행복의 근본

마음이 편안하면 초가집이라도 평온하고,
성품이 안정되면 나물국도 향기로우니라.

心安茅屋穩, 性定菜羹香.
심 안 모 옥 온 성 정 채 갱 향

남의 잘못은 너그럽게,
나의 잘못은 엄격하게

《경행록》에서 말했다.
"남을 잘 책망하는 자는 사귐을 온전히 할 수 없고,
자신의 잘못을 용서하는 자는 허물을 고치지 못하느니라."

景行錄云: "責人者不全交, 自恕者不改過."
경 행 록 운   책 인 자 부 전 교   자 서 자 불 개 과

하늘은 안다

아침 일찍 일어나 밤늦게 잠들기까지 충효를 생각하는 사람은
다른 사람이 알아주지 않더라도
하늘이 반드시 알 것이다.
배불리 먹고 따뜻하게 입고 안락하게 제 몸 하나 지키는 사람은
몸은 비록 편안하나
그 자손들은 어찌 되겠는가?

夙興夜寐, 所思忠孝者, 人不知, 天必知之. 飽食煖衣,
숙 흥 야 매 소 사 충 효 자 인 부 지 천 필 지 지 포 식 난 의
怡然自衛者, 身雖安, 其如子孫何.
이 연 자 위 자 신 수 안 기 여 자 손 하

역지사지하라

아내와 자식을 사랑하는 마음으로 어버이를 섬긴다면
그 효도는 극진할 것이요,
부귀를 보전하려는 마음으로 임금을 받든다면
어디를 가더라도 충성스럽지 않음이 없을 것이다.
다른 사람을 꾸짖는 마음으로 자신을 꾸짖으면
허물이 적을 것이요,
자기를 용서하는 마음으로 다른 사람을 용서하면
사귐을 온전히 할 것이다.

以愛妻子之心, 事親則曲盡其孝, 以保富貴之心,
이 애 처 자 지 심   사 친 즉 곡 진 기 효   이 보 부 귀 지 심
奉君則無往不忠. 以責人之心, 責己則寡過, 以恕己之心,
봉 군 즉 무 왕 불 충   이 책 인 지 심   책 기 즉 과 과   이 서 기 지 심
恕人則全交.
서 인 즉 전 교

이익을 앞세우지 말라

그 도모한 일이 옳지 못했다면 후회한들 무슨 소용이 있겠으며,
그 견해가 바르지 못하면 가르친들 무슨 유익함이 있겠는가.
이익을 생각하는 마음만으로 임하면 도리를 어기게 되고,
사사로운 생각이 확고하면 공정함을 해치게 된다.

爾謀不臧, 悔之何及, 爾見不長, 教之何益. 利心專則背道,
이 모 부 장 회 지 하 급 이 견 부 장 교 지 하 익 이 심 전 즉 배 도
私意確則滅公.
사 의 확 즉 멸 공

일은 만드는 만큼 생긴다

일을 만들면 일이 생기고,
일을 덜면 일이 줄어지느니라.

生事事生, 省事事省.
생 사 사 생 생 사 사 생

제 **8** 편

계성 戒性

참고 경계하라

한번 쏟아진 물을 다시 담을 수 없는 것처럼,
한번 흐트러진 성품도 돌이킬 수 없다고 여겨
늘 참고 경계하라고 권하고 있으며,
특히 '인내'의 덕목을 강조합니다.

빅데이터 시대에 10대가 꼭 알아야 할
명심보감

성품은 예법으로 다스려라

《경행록》에서 말했다.

"사람의 성품은 물과 같아서

물이 한번 쏟아지면 다시금 담을 수 없듯이,

성품이 한번 방종해지면 돌이킬 수 없으니,

물을 막으려면 반드시 제방을 쌓아야 하고,

성품을 제어하려면 반드시 예법으로 해야 할지니라."

景行錄云: "人性如水, 水一傾則不可復, 性一縱則不可反,
경 행 록 운　　인 성 여 수　수 일 경 즉 불 가 복　성 일 종 즉 불 가 반
制水者, 必以堤防, 制性者, 必以禮法."
제 수 자　필 이 제 방　제 성 자　필 이 예 법

참으면 근심을 면한다

한때의 분함을 참으면
백 일의 근심을 면할 수 있느니라.

忍一時之忿, 免百日之憂.
인 일 시 지 분   면 백 일 지 우

참고 경계하지 않으면 작은 일도 커진다

참을 수 있으면 참고,
경계할 수 있으면 경계하라.
참지 못하고 경계하지 않으면
사소한 일이 크게 되느니라.

得忍且忍, 得戒且戒. 不忍不戒, 小事成大.
득 인 차 인   득 계 차 계   불 인 불 계   소 사 성 대

시시비비에 연연하지 말라

어리석고 흐리멍덩한 사람이 화를 내는 것은
모두 이치에 통하지 못했기 때문이다.
마음에 화를 더하지 말고
다만 귓가를 스치는 바람으로 여겨라.
장점과 단점은 누구에게나 있고,
세상 인정의 후함과 박함은 어느 곳이나 같으니라.
옳고 그름이란 실상이 없어서
결국에는 모두 헛것이 되느니라.

愚濁生嗔怒, 皆因理不通. 休添心上火, 只作耳邊風.
우 탁 생 진 노 개 인 리 불 통 휴 첨 심 상 화 지 작 이 변 풍
長短家家有, 炎凉處處同. 是非無實相, 究竟摠成空.
장 단 가 가 유 염 량 처 처 동 시 비 무 실 상 구 경 총 성 공

참는 것이 이롭다

자장이 길을 떠나려 할 때, 공자에게 하직 인사를 고하며 여쭈었다.
"원컨대 한 말씀 하여 주시면 몸을 닦는 미덕으로 삼고자 합니다."

공자가 말했다.
"모든 행실의 근본은 참는 것이 으뜸이니라."

자장이 여쭈었다.
"참으면 어찌 되는 것입니까?"

공자가 말했다.
"천자가 참으면 나라에 해가 없고,
제후가 참으면 나라가 커질 것이며,
벼슬아치가 참으면 지위가 올라갈 것이며,
형제간에 참으면 집안이 부귀해지고,
부부간에 참으면 평생을 함께할 수 있고,
친구 간에 참으면 명예가 떨어지지 않고,
자신이 참으면 재앙이 없느니라."

子張欲行, 辭於夫子, 願賜一言, 爲修身之美. 子曰: "百行之本,
자장욕행 사어부자 원사일언 위수신지미 자왈   백행지본

忍之爲上." 子張曰: "何爲忍之." 子曰: "天子忍之, 國無害,
인지위상   자장왈   하위인지   자왈   천자인지 국무해

諸侯忍之, 成其大, 官吏忍之, 進其位, 兄弟忍之, 家富貴,
제후인지 성기대 관리인지 진기위 형제인지 가부귀

夫妻忍之, 終其世, 朋友忍之, 名不廢, 自身忍之, 無禍害."
부처인지 종기세 붕우인지 명불폐 자신인지 무화해

참지 않으면 이렇게 된다

자장이 여쭈었다.
"참지 않으면 어찌 되는 것입니까?"

공자가 말했다.
"천자가 참지 않으면 나라가 황폐해질 것이고,
제후가 참지 않으면 그 몸을 잃으며,
벼슬아치가 참지 않으면 형법에 의하여 죽고,
형제간에 참지 않으면 서로 헤어져 살게 되며,
부부간에 참지 않으면 자식을 외롭게 만들고,
친구 간에 참지 않으면 정과 의리가 소원해지며,
자신이 참지 않으면 근심이 없어지지 않을 것이니라."

자장이 말했다.
"참으로 좋은 말씀이구나.
참는 것은 어렵고도 어려우니,
사람이 아니면 참지 못하고,
참지 못하면 사람이 아니로구나."

子張曰: "不忍則如何." 子曰: "天子不忍, 國空虛, 諸侯不忍,
자 장 왈　불인즉여하　자 왈　천자불인　국공허　제후불인

喪其軀, 官吏不忍, 刑法誅, 兄弟不忍, 各分居, 夫妻不忍,
상 기 구　관리불인　형법주　형제불인　각분거　부처불인

令子孤, 朋友不忍, 情意疎, 自身不忍, 患不除." 子張曰:
영자고　붕우불인　정의소　자신불인　환부제　자장왈

"善哉善哉, 難忍難忍, 非人不忍, 不忍非人."
선 재 선 재　난 인 난 인　비 인 불 인　불 인 비 인

이기기를 좋아하면 반드시 적을 만난다

《경행록》에서 말했다.

"자기를 굽힐 줄 아는 사람은

중요한 지위에 오를 수 있지만,

이기기를 좋아하는 사람은

반드시 적을 만나느니라."

景行錄云: "屈己者能處重, 好勝者必遇敵."
경 행 록 운   굴 기 자 능 처 중   호 승 자 필 우 적

하늘을 향해 뱉는 침은 자기 몸에 떨어진다

악한 사람이 선한 사람을 욕하거든
선한 사람은 전연 대응하지 말라.
대응하지 않는 사람은 마음이 맑고 한가로울 것이요,
욕하는 자의 입은 뜨겁게 끓어오르리라.
마치 사람이 하늘을 향해 침을 뱉으면
도리어 자기 몸에 떨어지는 것과 같으니라.

惡人罵善人, 善人摠不對. 不對心淸閑, 罵者口熱沸.
악 인 매 선 인   선 인 총 부 대   부 대 심 청 한   매 자 구 열 비

正如人唾天, 還從己身墜.
정 여 인 타 천   환 종 기 신 추

욕을 들어도 내 귀를 막으면
그 비방은 헛된 것이 된다

만약 다른 사람에게 욕을 듣더라도 귀먹은 체하고 시비를 가려 말하지 말라. 비유하자면 불이 허공에서 타다가 끄지 않아도 저절로 사그라지는 것과 같다. 내 마음은 허공과 같으니 결국 상대는 입술과 혀만 나불거릴 뿐이다.

我若被人罵, 佯聾不分說. 譬如火燒空, 不救自然滅.
아 약 피 인 매   양 롱 불 분 설   비 여 화 소 공   불 구 자 연 멸

我心等虛空, 摠爾飜脣舌.
아 심 등 허 공   총 이 번 순 설

매사 인정을 남겨 두라

모든 일에 인정을 남겨 두면
뒷날에 좋은 얼굴로 서로 보게 된다.

凡事留人情, 後來好相見.
범 사 유 인 정   후 래 호 상 견

제 **9** 편

근학 勤學
부지런히 배워라

이 편에서는 사람은 배우면 배울수록
사물의 이치를 알게 되고
인간의 도리를 갖추게 된다고 말하고 있습니다.
그러므로 사람으로 태어난 이상,
늘 배움에 힘써야 하는 것입니다.

빅데이터 시대에 10대가 꼭 알아야 할
명심보감

널리 배우고 절실하게 물어라

자하가 말했다.

"널리 배워 뜻을 두텁게 하고, 묻기를 절실히 하고 생각을 가까이 하면 인은 그 가운데 있느니라."

子夏曰: "博學而篤志, 切問而近思, 仁在其中矣."
자 하 왈   박 학 이 독 지 절 문 이 근 사 인 재 기 중 의

배워야 멀리 본다

장자가 말했다.

"사람이 배우지 않으면 하늘에 오르려 하되 재주가 없는 것과 같고, 배워서 지혜가 원대해지면 상서로운 구름을 헤치고 푸른 하늘을 보는 것과 같고, 높은 산에 올라 온 세상을 내려다보는 것과 같다."

莊子曰: "人之不學, 如登天而無術, 學而智遠,
장 자 왈   인 지 불 학 여 등 천 이 무 술   학 이 지 원

如披祥雲而觀青天, 登高山而望四海."
여 피 상 운 이 도 청 천 등 고 산 이 망 사 해

옥은 다듬고 사람은 배워야 쓰임이 있으니

《예기》에서 말했다.

"옥은 다듬지 않으면 그릇이 되지 못하고,

사람은 배우지 않으면 도리를 알지 못하느니라."

禮記曰: "玉不琢, 不成器, 人不學, 不知道."
예 기 왈   옥 불 탁 불 성 기 인 불 학 부 지 도

배우지 않으면 캄캄한 밤길을 걷는 것과 같다

태공이 말했다.

"사람이 태어나 배우지 않으면

어두운 밤길을 가는 것과 같다."

太公曰: "人生不學, 如冥冥夜行."
태 공 왈   인 생 불 학 여 명 명 야 행

고금의 이치를 통달하지 못하면
짐승에게 옷을 입힌 것 같으니

한문공(당나라 때의 학자 한유)이 말했다.

"사람이 고금古今의 이치를 통달하지 못하면
말과 소에게 옷을 입혀 놓은 것과 같으니라."

韓文公曰: "人不通古今, 馬牛而襟裾"
한 문 공 왈   인 불 통 고 금   마 우 이 금 거

배움에 힘써야 하는 이유

주문공이 말했다.

"집이 가난하더라도 가난으로 인하여 배움을 그쳐서는 안 되고,

집이 부유하더라도 부유함을 믿고 배움을 게을리해서는 안 된다.

가난하지만 배움에 부지런히 힘쓴다면 입신할 수 있을 것이요,

부유하면서 배움에 부지런히 힘쓴다면 이름이 빛날 것이니라.

배우는 사람이 입신출세하는 것은 보았지만

배우는 사람인데도 성취하지 못하는 것은 보지 못했다.

배움은 몸의 보배요, 배운 사람은 세상의 보배니라.

그러므로 배우는 사람은 군자가 되고,

배우지 않는 사람은 소인이 되는 것이니

후세에 배우는 사람들은 마땅히 각각 배움에 힘써야 하느니라."

朱文公曰: "家若貧, 不可因貧而廢學. 家若富,
주 문 공 왈   가 약 빈   불 가 인 빈 이 폐 학   가 약 부

不可恃富而怠學, 貧若勤學, 可以立身, 富若勤學, 名乃光榮,
불 가 시 부 이 태 학   빈 약 근 학   가 이 입 신   부 약 근 학   명 내 광 영

惟見學者顯達. 不見學者無成, 學者, 乃身之寶, 學者, 乃世之珍.
유 견 학 자 현 달   불 견 학 자 무 성   학 자   내 신 지 보   학 자   내 세 지 진

是故, 學則乃爲君子, 不學則爲小人, 後之學者, 宜各勉之."
시 고   학 즉 내 위 군 자   불 학 즉 위 소 인   후 지 학 자   의 각 면 지

배우는 사람과 배우지 않는 사람의 차이

휘종황제(북송의 8대 황제)가 말했다.

"배우는 사람은 벼와 같고

 배우지 않는 사람은 잡초와 같다.

벼와 같은 사람이여,

나라의 좋은 양식이며 세상의 큰 보배다.

잡초와 같은 사람이여,

밭 가는 사람이 싫어하고 김매는 사람이 귀찮아하는구나.

훗날에 담벼락을 마주하듯이 후회해도 이미 늦었도다.

徽宗皇帝曰: "學者, 如禾如稻, 不學者, 如蒿如草. 如禾如稻兮,
휘 종 황 제 왈   학 자 여 화 여 도 불 학 자 여 호 여 초 여 화 여 도 혜

國之精糧, 世之大寶. 如蒿如草兮, 耕者憎嫌, 鋤者煩惱.
국 지 정 량 세 지 대 보 여 호 여 초 혜 경 자 증 혐 서 자 번 뇌

他日面墙, 悔之已老."
타 일 면 장 회 지 이 로

배움은 미치지 못할 것처럼

《논어》에서 말했다.

"배움은 미치지 못할 듯이 하고,

오직 배운 것을 잃을까 두려워해야 한다."

論語曰: "學如不及, 惟恐失之."
논 어 왈   학 여 불 급   유 공 실 지

제 **10** 편

훈자 訓子

자식에게
물려줘야 할 것은

❀ ❀ ❀

자식을 가르치는 문제, 곧 교육에 대해 말하고 있습니다.
아무리 총명한 자식이라도 가르침을 더해 주지 않으면
결국 그 총명은 빛을 발하지 못할 것이며,
자손들에게 아무리 많은 재물을 남겨 준다 해도
경서 한 권을 가르치는 것만 못하다고 역설하면서
교육의 필요성을 강조하고 있습니다.

빅데이터 시대에 10대가 꼭 알아야 할
명심보감

자손들은 가르쳐야 한다

《경행록》에서 말했다.

"손님이 찾아오지 않으면 집안이 저속해지고,

학문을 가르치지 않으면 자손이 어리석어진다."

景行錄云: "賓客不來, 門戶俗, 詩書無教, 子孫愚."
경 행 록 운   빈 객 불 래   문 호 속   시 서 무 교   자 손 우

현명함도 가르쳐야 길러진다

장자가 말했다.

"일이 비록 사소하다 하더라도 하지 않으면 이룰 수 없고,

자식이 비록 어질다 하더라도 가르치지 않으면 현명해지지 못

하느니라."

莊子曰: "事雖小, 不作不成. 子雖賢, 不教不明."
장 자 왈   사 수 소 부 작 불 성   자 수 현   불 교 불 명

돈보다는 지식

《한서》에서 말했다.

"황금이 상자에 가득하여도

자식에게 경서 한 권을 가르치는 것만 못하고,

자식에게 천금을 물려준다 하더라도

재주 하나 가르쳐 주는 것만 못하다."

漢書云: "黃金滿籯, 不如敎子一經, 賜子千金, 不如敎子一藝."
한 서 운　　황 금 만 영　불 여 교 자 일 경　사 자 천 금　불 여 교 자 일 예

자식 교육만큼 중요한 일은 없다

지극히 즐거운 것에 독서만 한 것이 없고,

지극히 중요한 일에 자식을 가르치는 것만 한 것이 없다.

至樂, 莫如讀書, 至要, 莫如敎子.
지 락　막 여 독 서　지 요　막 여 교 자

큰 인물에게는 어진 어버이와
엄한 스승이 있으니

여형공(북송 때의 학자 여희철)이 말했다.

"안으로는 어진 어버이와 형이 없고,

밖으로는 엄한 스승과 친구가 없는데도

성취를 이루는 사람은 드물다."

呂滎公曰: "內無賢父兄, 外無嚴師友, 而能有成者, 鮮矣."
여 형 공 왈   내 무 현 부 형   외 무 엄 사 우   이 능 유 성 자   선 의

가르침을 받지 못하면

태공이 말했다.

"남자가 가르침을 받지 못하면
자라서 반드시 완악하고 어리석어지며,
여자가 가르침을 받지 못하면
자라서 반드시 거칠고 성기게 되느니라."

太公曰: "男子失教, 長必頑愚, 女子失教, 長必麤疎."
태 공 왈   남 자 실 교 장 필 완 우 여 자 실 교 장 필 추 소

배우지 말아야 할 것들

남자가 장성하거든 풍류와 술을 배우지 못하게 하고,
여자가 장성하거든 밖으로 놀러 다니지 못하게 하라.

男年長大, 莫習樂酒, 女年長大, 莫令遊走.
남 년 장 대 막 습 악 주 여 년 장 대 막 령 유 주

엄한 부모 밑에서 효자가 난다

엄한 아버지는 효자를 길러 내고,
엄한 어머니는 효녀를 길러 낸다.

嚴父出孝子, 嚴母出孝女.
엄 부 출 효 자 엄 모 출 효 녀

고운 자식 매 한 대 더,
미운 자식 떡 하나 더

아이를 사랑하거든 매를 많이 들고,
아이를 미워하거든 먹을 것을 많이 주라.

憐兒多與棒, 憎兒多與食.
연 아 다 여 봉 증 아 다 여 식

보석보다 자손의 현명함을 구하라

사람들은 모두 구슬과 옥을 사랑하나,

나는 자손이 현명한 것을 사랑하느니라.

人皆愛珠玉, 我愛子孫賢.

인 개 애 주 옥 아 애 자 손 현

제 11 편

성심省心 상

행복하고 싶다면
내 마음부터 살펴라

〈성심省心〉 편은 본래 한 편이었는데
분량이 너무 많아 나중에 상하로 나뉘었습니다.
사람의 마음가짐이 어떠해야 하는지를 말하는데,
충효, 화목, 검소함 등의 덕목과 더불어
한 치도 알 수 없는 사람의 마음이나 앞날 등
다루고 있는 주제가 폭넓고, 인용되는 내용도 다양합니다.

빅데이터 시대에 10대가 꼭 알아야 할
명심보감

충성과 효도에는 다함이 없다

《경행록》에서 말했다.

"보물과 재물은 쓰면 다함이 있지만,

충성과 효도는 아무리 하더라도 다함이 없느니라."

景行錄云: "寶貨用之有盡, 忠孝享之無窮."
경 행 록 운   보 화 용 지 유 진   충 효 향 지 무 궁

가정이 화목하면 가난해도 즐거우니

가정이 화목하면 가난해도 즐겁거니와

의롭지 못하면 부유한들 무엇 하겠는가.

효도하는 자식이 다만 하나만 있어도 족하니,

자손이 많은들 무엇 하겠는가.

家和貧也好, 不義富如何, 但存一子孝, 何用子孫多.
가 화 빈 야 호   불 의 부 여 하   단 존 일 자 효   하 용 자 손 다

술 때문, 돈 때문

아버지가 마음에 근심하지 않음은 자식이 효도하기 때문이요,
남편에게 번뇌가 없음은 아내가 어질기 때문이다.
말이 많고 말을 실수하는 것은 모두 술 때문이요,
의리가 끊어지고 친분이 멀어지는 것은 오직 돈 때문이다.

父不憂心因子孝, 夫無煩惱是妻賢. 言多語失皆因酒,
부 불 우 심 인 자 효 부 무 번 뇌 시 처 현 언 다 어 실 개 인 주
義斷親疎只爲錢.
의 단 친 소 지 위 전

횡재 뒤에는 근심에 대비하라

정도를 벗어나는 즐거움을 누렸거든
예측할 수 없는 근심에 대비하라.

旣取非常樂, 須防不測憂.
기 취 비 상 락 수 방 불 측 우

편안함 속에서 위태로움을 생각하라

총애를 받을 때는 욕됨이 있을 것을 생각하고,
편안하게 지내고 있을 때는 위태함이 있을 것을 생각하라.

得寵思辱, 居安慮危.
득 총 사 욕   거 안 여 위

지나친 것은 해악이 된다

지나치게 아끼면 반드시 심한 낭비를 가져오고,
지나친 칭찬은 반드시 심한 비난을 가져온다.
지나치게 기뻐함은 반드시 깊은 슬픔을 가져오고,
지나치게 쌓아 두면 반드시 크게 잃을 것이다.

甚愛必甚費, 甚譽必甚毀. 甚喜必甚憂, 甚臟必甚亡.
심 애 필 심 비   심 예 필 심 훼   심 희 필 심 우   심 장 필 심 망

누린 만큼 돌아온다

영화가 가벼우면 욕됨도 얕고,

이익이 무거우면 해로움도 깊으니라.

榮輕辱淺, 利重害深.
영 경 욕 천   이 중 해 심

아는 만큼 근심도 커진다

공자가 말했다.

"높은 낭떠러지를 보지 않으면 어찌 굴러떨어지는 근심을 알게

되며,

깊은 연못에 가지 않으면 어찌 빠져 죽는 근심을 알게 되며,

큰 바다를 보지 못하면 어찌 거센 파도의 근심을 알게 되리오."

子曰: "不觀高崖, 何以知顚墜之患, 不臨深泉,
자 왈   불 관 고 애   하 이 지 전 추 지 환   불 림 심 천
何以知沒溺之患, 不觀巨海, 何以知風波之患."
하 이 지 몰 익 지 환   불 관 거 해   하 이 지 풍 파 지 환

미래를 알려거든 과거를 살펴라

앞으로 올 일을 알고자 하거든
먼저 지나간 일을 살펴보라.

欲知未來, 先察已然.
욕 지 미 래　선 찰 이 연

과거는 현재의 거울

공자가 말했다.
"밝은 거울은 모습을 살피는 것이요,
지나간 일은 현재를 아는 것이니라."

子曰: "明鏡, 所以察形, 往古, 所以知今."
자 왈　　명 경　소 이 찰 형　왕 고　소 이 지 금

미래는 알 수 없는 것

지나간 일은 거울과 같이 밝고,
다가올 일은 칠흑과 같이 어둡다.

過去事明如鏡, 未來事暗似漆.
과 거 사 명 여 경   미 래 사 암 사 칠

한 치 앞도 모르는 것이 앞날이니

《경행록》에서 말했다.
"내일 아침의 일을 오늘 저녁에 단정할 수 없고,
저녁의 일을 오후에 단정할 수 없느니라."

景行錄云: "明朝之事, 薄暮不可必, 薄暮之事, 晡時不可必."
경 행 록 운   명 조 지 사 박 모 불 가 필 박 모 지 사   포 시 불 가 필

인생사 새옹지마

하늘에는 예측할 수 없는 비바람이 있고,
사람에게는 아침저녁으로 화와 복이 있다.

天有不測風雨, 人有朝夕禍福.
천 유 불 측 풍 우 인 유 조 석 화 복

백 년을 지키기 어렵다

석 자 흙 속으로 돌아가지 않고서는
백 년 동안 몸을 보전하기 어렵고,
이미 석 자 흙 속으로 돌아가면
백 년 동안 무덤을 보전하기 어렵다.

未歸三尺土, 難保百年身, 已歸三尺土, 難保百年墳.
미 귀 삼 척 토 난 보 백 년 신 이 귀 삼 척 토 난 보 백 년 분

배움이 필요한 이유

《경행록》에서 말했다.

"나무를 잘 기르면

뿌리가 튼튼하고 가지와 잎이 무성하여

기둥과 들보로 쓸 재목을 이루고,

물을 잘 관리하면

물의 근원이 왕성하고 흐름이 길어서

관개의 이로움이 널리 베풀어진다.

사람을 잘 기르면

뜻과 기상이 크고 식견이 밝아져서

충성스럽고 의로운 선비가 나오니 어찌 기르지 않겠는가."

景行錄云: "木有所養, 則根本固而枝葉茂, 棟樑之材成.
경 행 록 운   목 유 소 양   즉 근 본 고 이 지 엽 무   동 량 지 재 성
水有所養, 則泉源壯而流派長, 灌漑之利博. 人有所養,
수 유 소 양   즉 천 원 장 이 류 파 장   관 개 지 리 박   인 유 소 양
則志氣大而識見明, 忠義之士出, 可不養哉."
즉 지 기 대 이 식 견 명   충 의 지 사 출   가 불 양 재

타인에 대한 믿음은
자신에 대한 믿음으로부터

자신을 믿는 사람은 다른 사람 또한 믿으니
오나라와 월나라와 같은 원수일지라도 모두 형제처럼 될 수 있고,
자신을 의심하는 사람은 다른 사람 또한 의심하니
자신 외에는 모두 적국이 된다.

自信者人亦信之. 吳越皆兄弟, 自疑者人亦疑之, 身外皆敵國.
자 신 자 인 역 신 지   오 월 개 형 제   자 의 자 인 역 의 지   신 외 개 적 국

사람을 썼으면 의심하지 말라

의심 드는 사람은 쓰지 말고,
사람을 썼으면 의심하지 말라.

疑人莫用, 用人勿疑.
의 인 막 용   용 인 물 의

아무리 가까워도
사람의 마음은 헤아릴 수 없다

《풍간》에서 말했다.

"물속의 물고기와 하늘의 기러기는

높아도 쏘아 잡고 깊어도 낚아 잡지만,

사람의 마음은

지척에 있을지라도 도무지 헤아릴 수 없느니라."

諷諫云: "水底魚天邊雁, 高可射兮低可釣, 惟有人心咫尺間,
풍 간 운　　수 저 어 천 변 안　고 가 사 혜 저 가 조　유 유 인 심 지 척 간

咫尺人心不可料."
지 척 인 심 불 가 료

호랑이 가죽 그린다고
뼈를 그릴 순 없는 것처럼

호랑이를 그리되
가죽은 그릴 수 있으나 뼈는 그리기 어렵고,
사람을 알되
얼굴은 알아도 마음은 알지 못한다.

畫虎畫皮難畫骨, 知人知面不知心.
화 호 화 피 난 화 골   지 인 지 면 부 지 심

코앞에 있어도 마음은 저 멀리에

얼굴을 맞대고 서로 이야기하되
마음은 천산만큼이나 떨어져 있구나.

對面共話, 心隔千山.
대 면 공 화   심 격 천 산

바다보다 깊은 사람의 마음

바다는 마르면
마침내 그 밑바닥을 볼 수 있으나
사람은 죽어도
그 마음을 알지 못한다.

海枯終見底, 人死不知心.
해 고 종 견 저 인 사 부 지 심

바닷물의 양을 헤아릴 수 없듯이

태공이 말했다.
"무릇 사람은 모습으로 판단할 수 없고,
바닷물은 말(斗)로 헤아릴 수 없느니라."

太公曰: "凡人不可逆相, 海水不可斗量."
태 공 왈   범 인 불 가 역 상 해 수 불 가 두 량

스스로 초래하는 재앙

《경행록》에서 말했다.

"다른 사람과 원수를 맺는 것은

재앙의 씨를 뿌리는 일이요,

선을 버리고 행하지 않는 것은

스스로를 해치는 일이다."

景行錄云: "結怨於人, 謂之種禍, 捨善不爲, 謂之自賊."
경 행 록 운   결 원 어 인   위 지 종 화   사 선 불 위   위 지 자 적

한쪽 말만 듣지 말라

만약 한쪽의 말만 들으면

곧 서로 사이가 멀어지게 됨을 볼 것이다.

若聽一面說, 便見相離別.
약 청 일 면 설   변 견 상 이 별

배부르고 따뜻하면 욕망이 싹튼다

배부르고 따뜻하면 음탕한 욕망이 생기고,
굶주리고 추우면 올바른 생각이 일어난다.

飽煖思淫慾, 飢寒發道心.
포 난 사 음 욕   기 한 발 도 심

재물이 많으면

소광(한나라 때의 학자)이 말했다.
"어진 사람이 재물이 많으면 그 지조를 잃게 되고,
어리석은 사람이 재물이 많으면 그 허물을 더하게 되느니라."

疏廣曰:"賢人多財, 則損其志, 愚人多財, 則益其過."
소 광 왈   현 인 다 재   즉 손 기 지   우 인 다 재   즉 익 기 과

가난하면 지혜도 짧아지게 마련이니

사람이 가난하면 지혜도 짧아지고,
복이 이르면 마음도 어질어진다.

人貧智短, 福至心靈.
인 빈 지 단　복 지 심 령

경험 없이는 지혜도 없다

한 가지의 일을 경험하지 않으면
한 가지 지혜도 자라지 않는다.

不經一事, 不長一智.
불 경 일 사　부 장 일 지

시비 없애는 법

시비가 종일토록 있을지라도
듣지 않으면 저절로 없어진다.

是非終日有, 不聽自然無.
시 비 종 일 유   불 청 자 연 무

남의 시비를 말하는 자가
곧 시비를 거는 자

찾아와서 시비를 말하는 사람이
바로 시비를 거는 사람이다.

來說是非者, 便是是非人.
내 설 시 비 자   변 시 시 비 인

진짜 훌륭한 사람의 이름은
입에서 입으로 전해진다

《격양시》에서 말했다.

"평생에 눈썹 찌푸릴 일을 하지 않으면 세상에 이를 갈 사람이
없을 것이니, 큰 이름을 어찌 무딘 돌에 새길 것인가. 길 가는 사
람의 입이 비석보다 나으니라."

擊壤詩云: "平生不作皺眉事, 世上應無切齒人. 大名,
격 양 시 운   평 생 부 작 추 미 사   세 상 응 무 절 치 인   대 명
豈有鑴頑石, 路上行人口勝碑."
기 유 전 완 석   노 상 행 인 구 승 비

훌륭한 인품은 향기와 같으니

사향을 지녔으면 저절로 향기가 퍼지니,
어찌 꼭 바람을 향하여 서겠는가?

有麝自然香, 何必當風立.
유 사 자 연 향   하 필 당 풍 립

복과 권세가 다하는 날을 생각하라

복이 있다고 하여 다 누리지 말라.

복이 다하면 몸이 빈궁해질 것이다.

권세가 있다고 하여 함부로 부리지 말라.

권세가 다하면 원수와 서로 만나게 될 것이다.

복이 있을 때 항상 스스로 아끼고,

권세가 있을 때 항상 스스로 공손하라.

사람이 살면서 교만과 사치는,

시작은 있지만 끝이 없는 경우가 많으니.

有福莫享盡, 福盡身貧窮. 有勢莫使盡, 勢盡冤相逢.
유 복 막 향 진　복 진 신 빈 궁　유 세 막 사 진　세 진 원 상 봉

福兮常自惜, 勢兮常自恭. 人生驕與侈, 有始多無終.
복 혜 상 자 석　세 혜 상 자 공　인 생 교 여 치　유 시 다 무 종

남겨 두었다 돌려줘야 할 것들

왕참정(북송 때의 정치가 왕단)이 〈사류명〉에서 말했다.

"여유를 두어 재주를 남겨 두었다가

조물주에게 돌려주고,

여유를 두어 봉록을 남겨 두었다가

조정에 돌려주고,

여유를 두어 재물을 남겨 두었다가

백성에게 돌려주고,

여유를 두어 복을 남겨 두었다가

자손에게 돌려줄지니라."

王參政四留銘曰: 留有餘不盡之巧, 以還造物, 留有餘不盡之祿,
왕 참 정 사 류 명 왈   유 유 여 부 진 지 교   이 환 조 물   유 유 여 부 진 지 록

以還朝廷, 留有餘不盡之財, 以還百姓, 留有餘不盡之福,
이 환 조 정   유 유 여 부 진 지 재   이 환 백 성   유 유 여 부 진 지 복

以還子孫.
이 환 자 손

천금보다 귀한 말 한마디

황금 천 냥이 귀한 것이 아니요,
다른 사람에게 한마디 좋은 말 듣는 것이
천금보다 나으니라.

黃金千兩未爲貴, 得人一語勝千金.
황 금 천 냥 미 위 귀   득 인 일 어 승 천 금

고생은 즐거움의 어머니

재주 있는 사람은
재주 없는 사람의 종이요,
괴로움은
즐거움의 어머니니라.

巧者拙之奴, 苦者樂之母.
교 자 졸 지 노   고 자 낙 지 모

저마다의 깜냥이 있으니

작은 배는
무겁게 실은 것을 견디기 어렵고,
으슥한 길은
혼자 다니기에 마땅하지 않다.

小船難堪重載, 深逕不宜獨行.
소 선 난 감 중 재   심 경 불 의 독 행

재물보다 마음 편한 것이 제일

황금이 귀한 것이 아니요,
편안하고 즐거운 것이
더 값어치 있느니라.

黃金未是貴, 安樂値錢多.
황 금 미 시 귀   안 락 치 전 다

베푼 만큼 대접 받는다

집에서 손님을 맞이하여 대접할 줄 모르면
밖에 나갔을 때
비로소 자기를 맞아 주는 주인이 적음을 알게 된다.

在家不會邀賓客, 出外方知少主人.
재 가 불 회 요 빈 객　출 외 방 지 소 주 인

재물이 있어야 사람이 모인다

가난하면 시끌벅적한 저잣거리에 살아도
서로 아는 사람이 없고,
부유하면 깊은 산골에 살아도
먼 데서 찾아오는 친구가 있다.

貧居鬧市無相識, 富住深山有遠親.
빈 거 요 시 무 상 식　부 주 심 산 유 원 친

인정은 돈으로 쏠린다

사람의 의리는 다 가난한 데서 끊어지고,
세상의 인정은 곧
돈 있는 집으로 쏠린다.

人義盡從貧處斷, 世情便向有錢家.
인 의 진 종 빈 처 단 세 정 변 향 유 전 가

말조심만큼 어려운 것이 없으니

차라리 밑 빠진 항아리는
막을 수 있을지언정,
코 아래 가로 놓인 입은
막기 어렵다.

寧塞無底缸, 難塞鼻下橫.
영 색 무 저 항 난 색 비 하 횡

삶이 군색하면 사람도 멀어진다

사람의 정은
모두 군색한 가운데서 멀어진다.

人情皆爲窘中疎.
인 정 개 위 군 중 소

함부로 술 마시지 말라

《사기》에서 말했다.

"하늘에 제사를 지내고 사당에 제례를 올릴 때 술이 아니면 흠
향하지 않을 것이요, 임금과 신하, 친구와 친구 사이에는 술이 아
니면 의리가 두터워지지 않을 것이요, 싸우고 나서 서로 화해함
에는 술이 아니면 권하지 못할 것이다. 그러므로 술에는 성취와
실패가 있으니 함부로 마셔서는 안 되느니라."

史記曰:"郊天禮廟, 非酒不享, 君臣朋友, 非酒不義, 鬪爭相和,
사 기 왈   교 천 예 묘   비 주 불 향   군 신 붕 우   비 주 불 의   투 쟁 상 화

非酒不勸. 故酒有成敗, 而不可泛飮之."
비 주 불 권   고 주 유 성 패   이 불 가 범 음 지

참 선비는 가난을 부끄러워하지 않는다

공자가 말했다.

"선비가 도에 뜻을 두고도,

허름한 옷을 입는 것과 보잘것없는 음식을 먹는 것을

부끄럽게 여긴다면 더불어 논할 수 없느니라."

子曰: "士志於道而恥惡衣惡食者, 未足與議也."
자 왈   사 지 어 도 이 치 악 의 악 식 자   미 족 여 의 야

질투는 사람을 멀어지게 한다

순자가 말했다.

"선비가 질투하는 벗이 있으면

현명한 벗과 사귈 수 없고,

임금이 질투하는 신하가 있으면

현명한 신하가 오지 않느니라."

荀子曰: "士有妬友, 則賢交不親, 君有妬臣, 則賢人不至."
순 자 왈   사 유 투 우 즉 현 교 불 친 군 유 투 신 즉 현 인 부 지

하늘은 복 없는 사람을 내지 않는다

하늘은

복이 없는 사람을 내지 않고,

땅은

이름 없는 풀을 자라게 하지 않는다.

天不生無祿之人, 地不長無名之草.

천 불 생 무 록 지 인   지 부 장 무 명 지 초

큰 부자는 하늘이 내지만
작은 부자는 부지런함에 달렸다

큰 부자는
하늘로부터 나오고,
작은 부자는
부지런한 데서 나온다.

大富由天, 小富由勤.
대 부 유 천   소 부 유 근

집안을 일으킬 아이, 집안을 망칠 아이

집안을 일으킬 아이는
똥도 황금과 같이 아끼고,
집안을 망칠 아이는
돈 쓰기를 똥과 같이 여긴다.

成家之兒, 惜糞如金, 敗家之兒, 用金如糞.
성 가 지 아   석 분 여 금   패 가 지 아   용 금 여 분

좋은 것도 지나치면 해가 된다

소강절 선생이 말했다.

"한가하게 살 때에 삼가 신중하여

아무런 걱정거리가 없다고 말하지 말라.

걱정거리가 없다고 말하자마자 곧 걱정할 일이 있느니라.

입에 맞는 음식도 많이 먹으면 병이 되는 법이요,

마음이 즐거운 일이 지나치면 재앙이 생기느니라.

병이 난 후에 약을 먹는 것보다

병나기 전에 스스로 예방하는 것이 나으니라."

邵康節先生曰: "閑居愼勿說無妨. 纔說無妨便有妨.
소 강 절 선 생 왈   한 거 신 물 설 무 방   재 설 무 방 변 유 방

爽口物多能作疾, 快心事過必有殃. 與其病後能服藥,
상 구 물 다 능 작 질   쾌 심 사 과 필 유 앙   여 기 병 후 능 복 약

不若病前能自防."
불 약 병 전 능 자 방

언젠가는 다 돌려받는다

재동제군(도가에서 받드는 신의 이름)이 가르침을 내려 말했다.

"신묘한 약이라도

원한 맺힌 병은 고치기 어렵고,

뜻밖에 생기는 횡재도

운명이 곤궁한 사람은 부자로 만들지 못하느니라.

일을 생기게 해서 일이 생기는 것이니

그대는 원망하지 말고,

남을 해쳐서 남이 나를 해치는 것이니

그대는 성내지 말라.

천지자연에는 모두 갚음이 있으니

멀게는 자손에게 있고, 가깝게는 자신에게 있느니라."

梓潼帝君垂訓曰: "妙藥難醫冤債病, 橫財不富命窮人.
재 동 제 군 수 훈 왈   묘 약 난 의 원 채 병   횡 재 불 부 명 궁 인
生事事生君莫怨, 害人人害汝休嗔. 天地自然皆有報,
생 사 사 생 군 막 원   해 인 인 해 여 휴 진   천 지 자 연 개 유 보
遠在兒孫近在身."
원 재 아 손 근 재 신

영원한 것은 없으니

꽃은 졌다 피고 피었다 또 지고,

비단옷도 삼베옷으로 갈아입게 된다.

호화로운 집안이라고 해서

반드시 항상 부귀한 것은 아니며,

가난한 집안이라 하여

오랫동안 적막하지는 않다.

사람을 받쳐 주더라도

반드시 푸른 하늘까지 오르지 못하게 하고,

사람을 떠밀어도

반드시 깊은 구렁에 떨어지지지는 않는다.

그대에게 권하노니,

모든 일에 하늘을 원망하지 말라.

하늘의 뜻은 사람에게 후하게 하거나 박하게 함이 없느니라.

花落花開開又落, 錦衣布衣更換着. 豪家未必常富貴,
화 락 화 개 개 우 락　금 의 포 의 경 환 착　호 가 미 필 상 부 귀

貧家未必長寂寞. 扶人未必上靑霄, 推人未必塡溝壑.
빈 가 미 필 장 적 막　부 인 미 필 상 청 소　추 인 미 필 전 구 학

勸君凡事莫怨天, 天意於人無厚薄.
권 군 범 사 막 원 천　천 의 어 인 무 후 박

의롭지 못한 재물은 쉽게 허물어진다

사람의 마음이 독사와 같은 것이 한스럽도다.

하늘의 눈이 수레바퀴처럼 굴러가는 것을 누가 알겠는가.

지난해에 동쪽 이웃의 물건을 망령되게 취하였더니,

오늘은 북쪽 집으로 돌아가는구나.

의롭지 못한 금전과 재물은 끓는 물이 뿌려진 눈과 같고,

뜻밖에 얻은 논밭은 물살에 쓸리는 모래 같구나.

만약 간교한 속임수로 살아가는 방도를 삼는다면

그것은 흡사 아침에 피었다가 저녁에 지는 꽃과 같으니라.

堪歎人心毒似蛇, 誰知天眼轉如車? 去年妄取東隣物,
감 탄 인 심 독 사 사   수 지 천 안 전 여 거   거 년 망 취 동 린 물

今日還歸北舍家. 無義錢財湯潑雪, 儻來田地水推沙.
금 일 환 귀 북 사 가   무 의 전 재 탕 발 설   당 래 전 지 수 추 사

若將狡譎爲生計, 恰似朝開暮落花.
약 장 교 휼 위 생 계   흡 사 조 개 모 낙 화

약과 돈으로도 어찌할 수 없는 것

약으로도

공경公卿과 재상의 생명을 구할 수는 없고,

돈으로도

자손의 현명함을 살 수는 없다.

無藥可醫卿相壽, 有錢難買子孫賢.
무 약 가 의 경 상 수   유 전 난 매 자 손 현

마음이 한가로우면 신선이 따로 없다

하루 동안 마음이 맑고 한가로우면

하루 동안 신선이 된 것이다.

一日淸閑一日仙.
일 일 청 한 일 일 선

성심省心 하
부지런하게, 겸손하게

상上 편에 이어 마음을 돌아보아
성찰하라는 내용을 담고 있습니다.
구체적인 생활 덕목을 다루는 가운데,
성리학, 불교, 도교 등의 사상이 담긴
여러 형태의 글을 만날 수 있습니다.
세상만사가 다 마음과 연관되어 있음을 강조합니다.

빅데이터 시대에 10대가 꼭 알아야 할
명심보감

나에게 닥친 재앙은
스스로가 초래한 것

진종황제(북송의 3대 황제)가 '어제御製'(임금이 지은 글)에서 말했다.

"위태로움을 알고 위험을 알면

끝까지 죄의 그물의 문에 걸리는 일이 없을 것이요,

선한 이를 추대하고 어진 이를 천거하면

저절로 몸을 편안히 하는 길이 있느니라.

인을 베풀고 덕을 펼치면

대대로 번영하고 창성할 것이요,

시기하는 마음을 품고 원한을 갚으면

자손에게 위태로움과 환란이 미칠 것이니라.

남을 해롭게 하여 자기를 이롭게 하면

끝내 이름을 빛낼 후손이 없을 것이요,

뭇사람에게 해를 끼쳐 집안을 이룬다면

어찌 부귀가 오래가겠는가.

이름을 바꾸고 신분이 달라지는 것은

모두가 교묘한 말로 인하여 생겨나는 것이요,

재앙이 일어나고 몸이 상하게 되는 것은

모두 어질지 못함으로 초래되는 것이니라."

眞宗皇帝御製曰: "知危識險, 終無羅網之門. 擧善薦賢,
진종황제어제왈　지위식험　종무라망지문　거선천현

自有安身之路, 施仁布德, 乃世代之榮昌. 懷妬報寃,
자유안신지로　시인포덕　내세대지영창　회투보원

與子孫之危患. 損人利己, 終無顯達雲仍, 害衆成家,
여자손지위환　손인이기　종무현달운잉　해중성가

豈有長久富貴. 改名異體, 皆因巧語而生, 禍起傷身,
기유장구부귀　개명이체　개인교어이생　화기상신

皆是不仁之召."
개시불인지소

살면서 지켜야 할 것들

신종황제(북송의 6대 황제)가 '어제'에서 말했다.

"도리에 맞지 않는 재물을 멀리하고, 정도에 지나치는 술을 경계하며, 이웃을 가려 거처를 정하고, 친구를 가려 교제하라.

시기와 질투를 마음에 일으키지 말고, 남을 헐뜯는 말을 입에 올리지 말며, 친지 가운데 곤궁한 사람을 홀대하지 말고, 부유한 사람을 후대하지 말라.

자신을 이겨 내는 데는 부지런함과 검소함을 우선으로 삼고, 뭇사람을 사랑하는 데는 겸손함과 온화함을 우선으로 삼아라.

항상 지난날의 잘못을 생각하고, 앞으로 올 날들의 허물을 생각하라.

나의 이 말을 따른다면 나라와 집안을 오랫동안 잘 다스릴 수 있을 것이다."

神宗皇帝御製曰: "遠非道之財, 戒過度之酒. 居必擇隣,
신 종 황 제 어 제 왈   원 비 도 지 재 계 과 도 지 주   거 필 택 린

交必擇友. 嫉妬勿起於心, 讒言勿宣於口, 骨肉貧者莫疎,
교 필 택 우 질 투 물 기 어 심 참 언 물 선 어 구 골 육 빈 자 막 소

他人富者莫厚, 克己以勤儉爲先, 愛衆以謙和爲首,
타 인 부 자 막 후 극 기 이 근 검 위 선 애 중 이 겸 화 위 수

常思已往之非, 每念未來之咎. 若依朕之斯言, 治國家而可久."
상 사 이 왕 지 비 매 념 미 래 지 구 약 의 짐 지 사 언 치 국 가 이 가 구

말과 행동을 참되고 진실하게

고종황제(남송의 초대 황제)가 '어제'에서 말했다.

"별똥만 한 불티 한 점이 능히 만 이랑의 섶을 태울 수 있고, 반 마디 그릇된 말이 평생의 덕을 허무느니라.

몸에 실오라기 하나를 걸치더라도 베 짜는 여인의 수고로움을 생각하고, 하루 세 끼의 밥을 먹어도 늘 농부의 수고를 생각하라.

구차하게 재물을 탐내고 다른 사람을 시기하여 해를 끼친다면 오랫동안 편안함이 없을 것이요, 선을 쌓고 인을 보존하면 반드시 후손들에게 영화가 있으리라.

행복과 경사는 대부분 선행을 쌓는 데서 생겨나고, 성인의 경지로 들어가고 평범함을 초월하는 것은 모두가 참되고 진실한 데서 얻어지는 것이니라."

高宗皇帝御製曰: "一星之火, 能燒萬頃之薪, 半句非言,
고 종 황 제 어 제 왈   일 성 지 화 능 소 만 경 지 신   반 구 비 언

誤損平生之德. 身被一縷, 常思織女之勞, 日食三飱,
오 손 평 생 지 덕   신 피 일 루   상 사 직 녀 지 로   일 식 삼 손

每念農夫之苦. 苟貪妬損, 終無十載安康, 積善存仁,
매 념 농 부 지 고   구 탐 투 손   종 무 십 재 안 강   적 선 존 인

必有榮華後裔, 福緣善慶, 多因積行而生, 入聖超凡,
필 유 영 화 후 예   복 연 선 경   다 인 적 행 이 생   입 성 초 범

盡是眞實而得."
진 시 진 실 이 득

그 사람을 알려거든 주변을 보라

왕량(춘추시대의 마부)이 말했다.

"그 임금을 알고자 하면 먼저 그 신하를 보고,

그 사람을 알고자 하면 먼저 그 친구를 보고,

그 아버지를 알고자 하면 먼저 그 자식을 보라.

임금이 성군이면 신하도 충성스럽고,

아버지가 인자하면 자식도 효성스러우니라."

王良曰: "欲知其君, 先視其臣, 欲識其人, 先視其友, 欲知其父,
왕 량 왈   욕 지 기 군   선 시 기 신   욕 식 기 인   선 시 기 우   욕 지 기 부
先視其子, 君聖臣忠, 父慈子孝."
선 시 기 자   군 성 신 충   부 자 자 효

너무 맑은 물에는 고기가 살지 않는다

《공자가어》에서 말했다.

"물이 너무 맑으면 고기가 없고,

사람이 지나치게 따지면 따르는 사람이 없느니라."

家語云: "水至淸則無魚, 人至察則無徒."
가 어 운　　수 지 청 즉 무 어　　인 지 찰 즉 무 도

아무리 좋은 것도 누군가는 싫어하게 마련

허경종(당나라 때의 문장가)이 말했다.

"봄비는 땅을 기름지게 하나 길 가는 사람은 그 진창을 싫어하고,

가을 달은 휘영청 밝으나 도둑은 그 밝게 비춤을 싫어하느니라."

許敬宗曰: "春雨如膏, 行人惡其泥濘, 秋月揚輝,
허 경 종 왈　　춘 우 여 고　　행 인 오 기 이 녕　　추 월 양 휘

盜者憎其照鑑."
도 자 증 기 조 감

대장부는 죽고 사는 것을 두려워하지 않는다

《경행록》에서 말했다.

"대장부는 선을 보는 것이 밝으므로

명예와 절개를 태산보다 중하게 여기고,

오직 한 가지 일에만 마음을 쓰므로

죽고 사는 것을 기러기 털보다 가볍게 여기느니라."

景行錄云: "大丈夫, 見善明故, 重名節於泰山, 用心精故,
경 행 록 운   대 장 부 견 선 명 고 중 명 절 어 태 산 용 심 정 고

輕死生於鴻毛."
경 사 생 어 홍 모

더불어 산다는 마음으로

다른 사람의 불행을 애틋하게 여기고, 다른 사람의 선한 일에
즐거워하며, 다른 사람의 절박함을 구제하고, 다른 사람의 위험
을 구해 주어라.

悶人之凶, 樂人之善, 濟人之急, 救人之危.
민 인 지 흉 낙 인 지 선 제 인 지 급 구 인 지 위

뒤에서 하는 말은 믿을 것이 못 된다

눈으로 직접 본 일도 모두 진실이 아닐까 두렵거늘,
등 뒤에서 하는 말을 어찌 깊이 믿을 수 있겠는가.

經目之事, 恐未皆眞, 背後之言, 豈足深信.
경 목 지 사 공 미 개 진 배 후 지 언 기 족 심 신

남 탓 하지 말라

자기 집 두레박 줄이 짧은 것은 탓하지 않고,
남의 집 우물이 깊은 것만을 탓하는구나.

不恨自家汲繩短, 只恨他家苦井深.
불 한 자 가 급 승 단   지 한 타 가 고 정 심

모두가 균등하게 벌을 받지는 않는다

부정하게 뇌물을 취하는 사람이 천하에 가득해도
죄는 박복한 사람만 얽어맨다.

贓濫滿天下, 罪拘薄福人.
장 람 만 천 하   죄 구 박 복 인

상도를 따르라

하늘이 만약 정해진 법도를 어기면
바람이 불지 않더라도 비가 내리고,
사람이 만일 도리를 어기면
병에 걸리지 않더라도 죽게 될 것이니라.

天若改常, 不風卽雨, 人若改常, 不病卽死.
천 약 개 상   불 풍 즉 우   인 약 개 상   불 병 즉 사

선은 선을 부른다

〈장원시壯元詩〉에서 말했다.

"나라가 바르면 하늘도 순해지고, 관리가 청렴하면 백성이 절로 편안하느니라. 아내가 어질면 남편의 화가 적을 것이요, 자식이 효도하면 부모의 마음이 너그러워지느니라."

壯元詩云: "國正天心順, 官淸民自安. 妻賢夫禍少,
장 원 시 운   국 정 천 심 순 관 청 민 자 안 처 현 부 화 소
子孝父心寬."
자 효 부 심 관

남의 조언을 들을 줄 알아야 한다

공자가 말했다.

"나무는 먹줄을 따르면 곧아지고,
사람은 충고를 받아들이면 슬기로워지느니라."

子曰: "木從繩則直, 人受諫則聖."
자 왈   목 종 승 즉 직 인 수 간 즉 성

모든 건 돌고 도는 법

한 줄기 푸른 산에 경치가 그윽한데,
앞사람의 논밭을 뒷사람이 거두는구나.
뒷사람은 거두어 얻은 것을 기뻐하지 말라.
다시 거둘 사람이 뒤에 있느니라.

一派青山景色幽, 前人田土後人收, 後人收得莫歡喜,
일 파 청 산 경 색 유　 전 인 전 토 후 인 수　 후 인 수 득 막 환 희
更有收人在後頭.
갱 유 수 인 재 후 두

이유 없는 횡재는 재앙의 씨앗

소동파(송나라 때의 시인)가 말했다.
"까닭 없이 천금을 얻은 것은
큰 복이 있게 된 것이 아니라
반드시 큰 재앙이 있게 된 것이니라."

蘇東坡曰: "無故而得千金, 不有大福, 必有大禍."
소 동 파 왈　　 무 고 이 득 천 금　 불 유 대 복　 필 유 대 화

재앙과 복

소강절 선생이 말했다.

"어떤 사람이 와서 점쳐 보라고 물으며 '어떤 것이 화가 되고 어떤 것이 복이 되느냐'고 하기에 대답했다. 내가 남을 해롭게 하면 이것이 화요, 남이 나를 해롭게 하면 이것이 복이니라."

邵康節先生曰: "有人來問卜, 如何是禍福, 我虧人是禍,
소 강 절 선 생 왈　유 인 래 문 복　여 하 시 화 복　아 휴 인 시 화
人虧我是福."
인 휴 아 시 복

아무리 집이 크고 땅이 많아도

천 칸이나 되는 큰 집이라도
밤에 눕는 것은 여덟 자뿐이요,
기름진 밭이 만 이랑이라도
하루에 먹는 것은 두 되뿐이니라.

大廈千間, 夜臥八尺, 良田萬頃, 日食二升.
대 하 천 간　야 와 팔 척　양 전 만 경　일 식 이 승

친한 사이일수록

오래 머물면 사람이 천대를 받고
자주 찾아오면 친하던 사이도 멀어지느니라.
단지 사흘이나 닷새 만에 보더라도
서로 맞이하는 것이 처음만 같지 못하니라.

久住令人賤, 頻來親也疎, 但看三五日, 相見不如初.
구 주 령 인 천 빈 래 친 야 소 단 간 삼 오 일 상 견 불 여 초

같은 한 잔이라도

목마를 때 한 방울의 물은
감로수와 같고,
취한 뒤에 잔을 더하는 것은
아니 든 것만 못하니라.

渴時一滴如甘露, 醉後添盃不如無.
갈 시 일 적 여 감 로 취 후 첨 배 불 여 무

술이 사람을 취하게 하는 것이 아니다

술이 사람을 취하게 하는 것이 아니라
사람이 스스로 취하는 것이요,
색色이 사람을 미혹시키는 것이 아니라
사람이 스스로 미혹되는 것이다.

酒不醉人人自醉, 色不迷人人自迷.
주 불 취 인 인 자 취   색 불 미 인 인 자 미

나를 위하는 마음으로 남을 위한다면

공공을 위하는 마음을 사익을 위하는 마음에 비할 수 있다면
무슨 일을 해내지 못할 것이며,
도를 향하는 마음이 정욕을 향하는 마음과 같다면
부처가 되고도 시간이 많이 남았으리라.

公心若比私心, 何事不辨. 道念若同情念, 成佛多時.
공 심 약 비 사 심   하 사 불 변   도 념 약 동 정 념   성 불 다 시

교묘한 사람, 소박한 사람

염계 선생(북송 때의 유학자 주돈이)이 말했다.

"교묘한 사람은 말을 잘하고 소박한 사람은 말이 없으며,

교묘한 사람은 수고롭고 소박한 사람은 편안하다.

교묘한 사람은 남에게 해를 입히고 소박한 사람은 덕스러우며,

교묘한 사람은 흉하고 소박한 사람은 길하다.

아아! 천하 사람이 모두 소박하면 형법과 정사가 잘 통하여

윗사람은 편안하고 아랫사람은 순종하며,

풍속은 맑아지고 폐단은 없어질 것이니라."

濂溪先生曰: "巧者言, 拙者黙, 巧者勞, 拙者逸. 巧者賊,
염 계 선 생 왈   교 자 언 졸 자 묵 교 자 로 졸 자 일 교 자 적

拙者德, 巧者凶, 拙者吉. 嗚呼! 天下拙, 刑政徹, 上安下順,
졸 자 덕 교 자 흉 졸 자 길 오 호   천 하 졸 형 정 철 상 안 하 순

風淸弊絶."
풍 청 폐 절

가진 것보다 욕심이 크면 화를 당한다

《주역》에서 말했다.

"덕은 없으면서 지위는 높고,

지혜는 적으나 이루고자 하는 바가 크면서

화를 당하지 않는 사람은 드물 것이다."

易曰: "德微而位尊, 智小而謀大, 無禍者鮮矣."
역 왈   덕 미 이 위 존   지 소 이 모 대   무 화 자 선 의

자만하지 말라

그릇은 가득 차면 넘치고,

사람은 자만하면 잃게 된다.

器滿則溢, 人滿則喪.
기 만 즉 일   인 만 즉 상

끝도 처음처럼

《설원》에서 말했다.

"관리는 벼슬자리가 생김으로 게을러지고,

병은 조금 낫는 데서 더해지며,

재앙은 게으른 데서 생기고,

효도는 처자식이 생기는 데서 쇠하여지니,

이 네 가지를 살펴서 끝도 처음처럼 삼가야 할지니라."

說苑曰: "官怠於宦成, 病加於小愈, 禍生於懈惰, 孝衰於妻子.
설 원 왈   관 태 어 환 성 병 가 어 소 유   화 생 어 해 타 효 쇠 어 처 자
察此四者, 愼終如始."
찰 차 사 자   신 종 여 시

시간보다 귀한 보배는 없다

한 자나 되는 옥도 보배가 아니요,

아주 짧은 시간도 다투어 써야 할지니라.

尺璧非寶, 寸陰是競.
척 벽 비 보   촌 음 시 경

모두의 마음에 들기는 어려우니

양고기 국이 비록 맛이 좋으나
뭇사람의 입맛에 맞추기는 어렵다.

羊羹雖美, 衆口難調.
양 갱 수 미 중 구 난 조

소나무처럼, 측백나무처럼

《익지서》에서 말했다.
"흰 옥은 진흙 속에 던져지더라도 그 빛을 더럽힐 수 없고,
군자는 혼탁한 곳에 갈지라도 그 마음을 어지럽힐 수 없나니,
그러므로 소나무와 측백나무는 눈과 서리를 견뎌 내고,
밝고 지혜로운 사람은 위태로운 환난을 헤쳐 나가느니라."

益智書云: "白玉投於泥塗, 不能汚穢其色, 君子行於濁地,
익 지 서 운   백 옥 투 어 니 도 불 능 오 예 기 색 군 자 행 어 탁 지
不能染亂其心. 故松栢可以耐雪霜, 明智可以涉危難."
불 능 염 란 기 심 고 송 백 가 이 내 설 상 명 지 가 이 섭 위 난

호랑이 잡기보다 어려운 일

산에 들어가 호랑이를 잡기는 쉬우나
입을 열어 남에게 부탁하기란 어렵다.

入山擒虎易, 開口告人難.
입 산 금 호 이   개 구 고 인 난

가까운 이웃이 먼 친척보다 낫다

먼 곳에 있는 물은 가까이 있는 불을 끄지 못하고,
먼 곳의 친척은 가까운 이웃만 못하다.

遠水不救近火, 遠親不如近隣.
원 수 불 구 근 화   원 친 불 여 근 린

만사 조심하면 재앙도 피해 간다

태공이 말했다.

"해와 달이 제아무리 밝아도

엎어 놓은 동이의 밑은 비추지 못하고,

칼날이 제아무리 날카로워도

죄 없는 사람은 베지 못하며,

뜻밖의 재앙과 횡액이라도

조심하는 집의 문에는 들어가지 못하느니라."

太公曰: "日月雖明, 不照覆盆之下, 刀刃雖快, 不斬無罪之人,
태 공 왈　　일 월 수 명　부 조 복 분 지 하　도 인 수 쾌　불 참 무 죄 지 인

非災橫禍, 不入愼家之門."
비 재 횡 화　불 입 신 가 지 문

재산보다는 재주

태공이 말했다.
"좋은 밭 만 이랑이 있어도
하찮은 재주를 몸에 지닌 것만 못하느니라."

太公曰: "良田萬頃, 不如薄藝隨身."
태 공 왈　　양 전 만 경　　불 여 박 예 수 신

핵심은 역지사지

《성리서》에서 말했다.
"사물을 대하는 요체는
자기가 하고 싶지 않은 바를 남에게 하게 하지 말고,
행하였지만 성과가 없거든 자신에게서 그 원인을 찾는 것이니라."

性理書云: "接物之要, 己所不欲, 勿施於人, 行有不得,
성 리 서 운　　접 물 지 요　기 소 불 욕　물 시 어 인　행 유 부 득
反求諸己."
반 구 저 기

헤어나기 어려운 네 가지

술과 여색과 재물과 혈기, 이 네 가지로 쌓은 담장 안에
수많은 현자와 어리석은 사람들이 갇혀 있느니라.
만약 세상 사람이 이곳을 뛰쳐나오면
그것이 곧 신선이요, 죽지 않는 방책이니라.

酒色財氣四堵墙, 多少賢愚在內廂, 若有世人, 跳得出,
주 색 재 기 사 도 장   다 소 현 우 재 내 상   약 유 세 인   도 득 출
便是神仙不死方.
변 시 신 선 불 사 방

제 **15** 편

입 교 立教

가르침을 세우다

이 편에서는 개인과 가정, 사회와 국가 안에서
취해야 할 몸가짐과 마음가짐을 말합니다.
교육의 필요성과 방향, 근검절약 및
열녀와 충신에 대한 내용을 담고 있습니다.

빅데이터 시대에 10대가 꼭 알아야 할
명심보감

여섯 가지의 근본

공자가 말했다.

"몸을 세움에는 의가 있으니 효도가 그 근본이요,

초상과 제사에는 예가 있으니 슬퍼함이 그 근본이요,

전쟁의 진용에는 대열이 있으니 용맹이 그 근본이요,

정사를 다스림에는 이치가 있으니 농사가 그 근본이요,

나라를 지키는 데는 방도가 있으니 후사가 그 근본이요,

재물을 생산함에는 시기가 있으니 노력이 그 근본이 되느니라."

子曰: "立身有義而孝爲本, 喪祀有禮而哀爲本,
자 왈　입 신 유 의 이 효 위 본　상 사 유 례 이 애 위 본

戰陣有列而勇爲本, 治政有理而農爲本,
전 진 유 열 이 용 위 본　치 정 유 리 이 농 위 본

居國有道而嗣爲本, 生財有時而力爲本."
거 국 유 도 이 사 위 본　생 재 유 시 이 역 위 본

정치는 공정과 청렴으로,
집안은 검소와 근면으로

《경행록》에서 말했다.

"정치를 하는 요체는 공정과 청렴이요,

집안을 이루는 도리는 검소와 근면이니라."

景行錄云: "爲政之要, 曰: '公與淸, 成家之道.' 曰: '儉與勤.'"
경 행 록 운   위 정 지 요   왈   공 여 청   성 가 지 도   왈   검 여 근

집안을 이끄는 근본

책을 읽는 것은 집안을 일으키는 근본이요,

이치를 따르는 것은 집안을 보존하는 근본이요,

근면과 검소는 집안을 다스리는 근본이요,

화목과 순종은 집안을 가지런히 하는 근본이다.

讀書, 起家之本, 循理, 保家之本, 勤儉, 治家之本, 和順,
독 서   기 가 지 본   순 리   보 가 지 본   근 검   치 가 지 본   화 순

齊家之本.
제 가 지 본

시작해야 할 때가 있다

《공자삼계도》에서 말했다.

"일생의 계획은 어릴 때에 있고,

일 년의 계획은 봄에 있고,

하루의 계획은 새벽에 있으니,

어려서 배우지 않으면 늙어서 아는 것이 없고,

봄에 밭 갈지 않으면 가을에 바랄 것이 없으며,

새벽에 일어나지 않으면 그날의 할 일이 없다."

孔子三計圖云: "一生之計. 在於幼, 一年之計, 在於春,
공 자 삼 계 도 운　　　일 생 지 계　재 어 유　일 년 지 계　재 어 춘

一日之計, 在於寅. 幼而不學, 老無所知, 春若不耕, 秋無所望,
일 일 지 계　재 어 인　유 이 불 학　노 무 소 지　춘 약 불 경　추 무 소 망

寅若不起, 日無所辦."
인 약 불 기　일 무 소 판

오륜: 사람이 지켜야 할 다섯 가지 도리

《성리서》에서 말했다.

"다섯 가지 가르침의 조목은, 부모와 자식 사이에는 친애가 있어야 하고, 임금과 신하 사이에는 의리가 있어야 하며, 남편과 아내 사이에는 구별이 있어야 하고, 어른과 아이 사이에는 차례가 있어야 하며, 친구 사이에는 믿음이 있어야 한다."

性理書云: "五敎之目, 父子有親, 君臣有義, 夫婦有別,
성 리 서 운　　오 교 지 목　부 자 유 친　군 신 유 의　부 부 유 별

長幼有序, 朋友有信."
장 유 유 서　붕 우 유 신

삼강: 인간관계의 세 가지 덕목

세 가지 벼리가 있으니 임금은 신하의 벼리가 되고, 아버지는 자식의 벼리가 되며, 남편은 아내의 벼리가 된다.

三綱, 君爲臣綱, 父爲子綱, 夫爲婦綱.
삼 강　군 위 신 강　부 위 자 강　부 위 부 강

충신과 열녀

왕촉(전국시대 제나라 사람)이 말했다.

"충신은 두 임금을 섬기지 않고,

열녀는 두 지아비를 섬기지 않느니라."

王蠋曰: "忠臣不事二君, 烈女不更二夫."
왕 촉 왈   충 신 불 사 이 군   열 녀 불 경 이 부

재물 앞에 청렴하라

충자가 말했다.

"관청의 일을 처리함에는 공평만 한 것이 없고,

재물에 임해서는 청렴만 한 것이 없느니라."

忠子曰: "治官莫若平, 臨財莫若廉."
충 자 왈   치 관 막 약 평   임 재 막 약 렴

좌우명 1

장사숙(북송의 학자 장역)이 좌우명을 말했다.

"무릇 말은 반드시 충실하고 믿음이 있어야 하고,

무릇 행실은 반드시 독실하고 공경이 있어야 하며,

음식은 반드시 삼가 절제해야 하고,

글씨는 반드시 바르고 정확하게 써야 하며,

용모는 반드시 단정하고 장중함이 있어야 하고,

의관은 반드시 정제하고 엄숙함이 있어야 하며,

걸음걸이는 반드시 편안하고 점잖게 하고,

거처하는 곳은 반드시 정돈되고 조용하게 하며,

일을 할 때는 반드시 계획을 세워 하고,

말을 함에는 반드시 실천을 고려해야 하며,

항상 변치 않는 덕을 반드시 굳게 지니고,

허락할 때는 신중하게 응해야 하며,

좋은 일을 보거든 자신에게서 나온 것같이 여기고,

나쁜 일을 보거든 마치 자신의 병처럼 여겨라.

무릇 이 열네 가지는 모두 내가 아직 깊이 성찰하지 못한 것이다.

이것들을 자리의 오른쪽에 써 붙이고 아침저녁으로 보며 경계

하노라."

張思叔座右銘曰: "凡語必忠信, 凡行必篤敬, 飲食必愼節,
장 사 숙 좌 우 명 왈　　범 어 필 충 신　범 행 필 독 경　음 식 필 신 절

字劃必楷正, 容貌必端莊, 衣冠必整肅, 步履必安詳,
자 획 필 해 정　용 모 필 단 장　의 관 필 정 숙　보 리 필 안 상

居處必正靜, 作事必謀始, 出言必顧行, 常德必固持, 然諾必重應,
거 처 필 정 정　작 사 필 모 시　출 언 필 고 행　상 덕 필 고 지　연 낙 필 중 응

見善如己出, 見惡如己病. 凡此十四者, 皆我未深省,
견 선 여 기 출　견 악 여 기 병　범 차 십 사 자　개 아 미 심 성

書此當座右, 朝夕視爲警."
서 차 당 좌 우　조 석 시 위 경

좌우명2

범익겸(남송의 학자 범충)이 좌우명을 말했다.

"첫째, 조정의 이해관계와 변방의 보고와 관직 임명에 대하여 말하지 말 것이요,

둘째, 지방 관원의 장단점과 득실에 대하여 말하지 말 것이요,

셋째, 여러 사람이 저지른 잘못과 악행에 대해 말하지 말 것이요,

넷째, 관직에 있으면서 시류에 따르고 권세에 빌붙는 것을 말하지 말 것이요,

다섯째, 재물과 이익의 많고 적음과 가난을 싫어하고 부자 되기를 갈구한다는 것을 말하지 말 것이요,

여섯째, 음란하게 희롱하거나 여색을 평하는 말을 하지 말 것이요,

일곱째, 다른 사람의 물건을 요구하거나 술과 음식을 구하려는 말을 하지 말 것이니라.

또 다른 사람이 부탁한 편지를 뜯어보거나 지체시키지 말 것이요,

다른 사람과 같이 앉아 있으면서 그의 글을 엿보지 말 것이요,

다른 사람의 집에 들어갔을 때 다른 사람이 지어 놓은 글을 보지 말 것이요,

다른 사람의 물건을 빌렸거든 손상시키거나 돌려주지 않아서는 안 될 것이요,

음식을 먹을 때 가려 먹지 말 것이요,

다른 사람과 같이 있으면서 자신만 편하려고 하지 말 것이요,

다른 사람의 부귀를 탄식하거나 부러워하거나 비방하고 헐뜯어서는 안 될 것이니라.

이 몇 가지 일을 어긴다면 그 마음 쓰는 것이 바르지 못함을 볼 수 있으니 바른 마음을 보존하고 몸을 닦는 데 크게 해가 되는 바가 있는지라, 글을 써서 스스로 경계하노라."

范益謙座右銘曰:"一不言朝廷利害邊報差除,
범 익 겸 좌 우 명 왈   일 불 언 조 정 이 해 변 보 차 제

二不言州縣官員長短得失, 三不言衆人所作過惡之事,
이 불 언 주 현 관 원 장 단 득 실   삼 불 언 중 인 소 작 과 악 지 사

四不言仕進官職趨時附勢. 五不言財利多少厭貧求富,
사 불 언 사 진 관 직 추 시 부 세   오 불 언 재 리 다 소 염 빈 구 부

六不言淫媒戲慢評論女色, 七不言求覓人物干索酒食.
육 불 언 음 설 희 만 평 론 여 색   칠 불 언 구 멱 인 물 간 색 주 식

又人附書信, 不可開坼沈滯, 與人竝坐, 不可窺人私書,
우 인 부 서 신   불 가 개 탁 침 체   여 인 병 좌   불 가 규 인 사 서

凡入人家, 不可看人文字, 凡借人物, 不可損壞不還.
범 입 인 가   불 가 간 인 문 자   범 차 인 물   불 가 손 괴 불 환

凡喫飲食, 不可揀擇去取, 與人同處, 不可自擇便利. 凡人富貴,
범 끽 음 식   불 가 간 택 거 취   여 인 동 처   불 가 자 택 편 리   범 인 부 귀

不可歎羨詆毀, 凡此數事, 有犯之者, 足以見用心之不正,
불 가 탄 선 저 훼   범 차 수 사   유 범 지 자   족 이 견 용 심 지 부 정

於存心修身. 大有所害, 因書以自警."
어 존 심 수 신   대 유 소 해   인 서 이 자 경

빈부귀천이 고르지 않은 이유

무왕이 태공에게 물었다.

"사람이 세상을 살아가는데

어찌하여 귀천과 빈부가 고르지 않습니까?

원컨대 그대의 말씀을 들어 이를 알고자 합니다."

태공이 대답했다.

"부귀는 성인의 덕과 같아서 모두 천명으로부터 말미암거니와

부유한 자는 쓰는 데 절도가 있고,

부유하지 못한 자는 집안에 열 가지 도둑이 있나이다."

武王問太公曰: "人居世上, 何得貴賤貧富不等? 願聞說之,
무 왕 문 태 공 왈   인 거 세 상 하 득 귀 천 빈 부 부 등   원 문 설 지

欲知是矣." 太公曰: "富貴, 如聖人之德, 皆由天命, 富者,
욕 지 시 의   태 공 왈   부 귀 여 성 인 지 덕 개 유 천 명 부 자

用之有節, 不富者, 家有十盜."
용 지 유 절 불 부 자 가 유 십 도

열 가지 도둑

무왕이 물었다.

"무엇을 열 가지 도둑이라고 합니까?"

태공이 대답했다.

"곡식이 익었는데 제때에 거두어들이지 않는 것이 첫째 도둑이요,

거두어들여 쌓는 일을 마치지 않는 것이 둘째 도둑이요,

일 없이 등불을 켜놓고 잠자는 것이 셋째 도둑이요,

게으름 피우며 밭 갈지 않는 것이 넷째 도둑이요,

일을 이루기 위해 노력하지 않는 것이 다섯째 도둑이요,

교활하고 해로운 일만 하는 것이 여섯째 도둑이요,

딸을 너무 많이 낳아서 기르는 것이 일곱째 도둑이요,

낮잠 자고 게을리 일어나는 것이 여덟째 도둑이요,

술을 탐하고 욕망을 즐기는 것이 아홉째 도둑이요,

다른 사람을 질투하는 것이 열째 도둑입니다."

武王曰: "何謂十盜?" 太公曰: "時熟不收爲一盜,
무 왕 왈   하 위 십 도   태 공 왈   시 숙 불 수 위 일 도

收積不了爲二盜, 無事燃燈寢睡爲三盜, 慵懶不耕爲四盜,
수 적 불 료 위 이 도   무 사 연 등 침 수 위 삼 도   용 라 불 경 위 사 도

不施功力爲五盜, 專行巧害爲六盜, 養女太多爲七盜,
불 시 공 력 위 오 도   전 행 교 해 위 육 도   양 녀 태 다 위 칠 도

晝眠懶起爲八盜, 貪酒嗜慾爲九盜, 强行嫉妬爲十盜."
주 면 라 기 위 팔 도   탐 주 기 욕 위 구 도   강 행 질 투 위 십 도

부유하지 못한 이유

무왕이 물었다.

"집에 열 가지 도둑이 없는데도 부유하지 못한 것은 무엇 때문입니까?"

태공이 대답했다.

"그런 사람의 집에는 반드시 삼모三耗가 있을 것입니다."

무왕이 물었다.

"삼모란 무엇을 말하는 것입니까?"

태공이 대답했다.

"창고가 새거나 넘치는데도 덮지 않아서 쥐와 새들이 마구 먹어 대는 것이 첫 번째 덜어 내는 것이요,

거두고 씨 뿌리는 때를 놓치는 것이 두 번째 덜어 내는 것이요,

곡식을 버리고 흩뜨려 더럽고 천하게 대하는 것이 세 번째 덜어 내는 것입니다."

武王曰: "家無十盜而不富者, 何如?" 太公曰: "人家, 必有三耗"

무왕왈　가무십도이불부자 하여　　태공왈　인가 필유삼모

武王曰: "何名三耗?" 太公曰: "倉庫漏濫不蓋, 鼠雀亂食,

무왕왈　하명삼모　　태공왈　창고루람불개 서작난식

爲一耗, 收種失時, 爲二耗, 抛撒米穀穢賤, 爲三耗"

위일모　수종실시 위이모 포살미곡예천 위삼모

스스로 초래한 가난의 이유 1

무왕이 물었다.

"집안에 삼모가 없는데도 부유하지 못한 것은 무엇 때문입니까?"

태공이 대답했다.

"그런 사람의 집에는 반드시 첫째 잘못錯, 둘째 그릇됨誤, 셋째 어리석음痴, 넷째 과실失, 다섯째 거스름逆, 여섯째 흉함不祥, 일곱째 상스러움奴, 여덟째 천함賤, 아홉째 우매함愚, 열째 두꺼움强이 있어서 스스로 재앙을 불러들이는 것이지, 하늘이 재앙을 내리는 것이 아닙니다."

武王曰: "家無三耗而不富者, 何如?" 太公曰: "人家, 必有一錯,
무 왕 왈   가 무 삼 모 이 불 부 자 하 여   태 공 왈   인 가 필 유 일 착

二誤, 三痴, 四失, 五逆, 六不祥, 七奴, 八賤, 九愚, 十强,
이 오 삼 치 사 실 오 역 육 불 상 칠 노 팔 천 구 우 십 강

自招其禍, 非天降殃."
자 초 기 화 비 천 강 앙

스스로 초래한 가난의 이유 2

무왕이 말했다.

"원컨대 그 내용을 모두 듣고자 합니다."

태공이 대답했다.

"아들을 기르면서 가르치지 않는 것이 첫째 잘못錯이요,

어린아이를 훈계하지 않는 것이 둘째 그릇됨誤이요,

처음 신부를 맞아들여서 엄하게 가르치지 않는 것이 셋째 어리

석음痴이요,

말도 꺼내지 않았는데 먼저 웃는 것이 넷째 과실失이요,

부모를 봉양하지 않는 것이 다섯째 거스름逆이요,

밤에 알몸으로 일어나는 것이 여섯째 흉함不祥이요,

다른 사람의 활을 당기기를 좋아하는 것이 일곱째 상스러움奴

이요,

다른 사람의 말을 타기를 좋아하는 것이 여덟째 천함賤이요,

다른 사람의 술을 마시면서 다른 사람에게 권하는 것이 아홉째

우매함愚이요,

다른 사람의 밥을 먹으면서 친구에게도 먹으라고 하는 것이 열

째 두꺼움强이 되는 것입니다."

무왕이 말했다.

"참으로 훌륭하고 진실하도다, 이 말씀이여!"

武王曰: "願悉聞之." 太公曰: "養男不敎訓, 爲一錯,
무 왕 왈   원 실 문 지   태 공 왈   양 남 불 교 훈 위 일 착

嬰孩不訓, 爲二誤, 初迎新婦不行嚴訓, 爲三痴,
영 해 불 훈 위 이 오 초 영 신 부 불 행 엄 훈 위 삼 치

未語先笑, 爲四失, 不養父母, 爲五逆, 夜起赤身, 爲六不祥,
미 어 선 소 위 사 실 불 양 부 모 위 오 역 야 기 적 신 위 육 불 상

好挽他弓, 爲七奴, 愛騎他馬, 爲八賤, 喫他酒勸他人, 爲九愚,
호 만 타 궁 위 칠 노 애 기 타 마 위 팔 천 끽 타 주 권 타 인 위 구 우

喫他飯命朋友, 爲十强." 武王曰: "甚美誠哉, 是言也."
끽 타 반 명 붕 우 위 십 강   무 왕 왈   심 미 성 재 시 언 야

치정 治政
정치를 할 때는

관직에 몸담고 있는 사람들이
교훈으로 삼을 만한 내용이 실려 있습니다.
정치의 요체가 백성을 사랑하는 애민愛民에 있으며,
청렴, 신중, 근면이 그 터전이자 기본 미덕임을 일깨워 주고,
진정한 충신은 마음가짐이 어떠해야 하는지를 보여 줍니다.

**빅데이터 시대에 10대가 꼭 알아야 할
명심보감**

만물을 아끼는 마음으로

명도 선생(북송의 학자 정호)이 말했다.
"처음으로 벼슬자리에 오른 선비라도
만물을 사랑하는 데 마음을 둔다면
다른 사람들을 구제하는 바가 반드시 있을 것이니라."

明道先生曰: "一命之士, 苟有存心於愛物, 於人必有所濟."
명 도 선 생 왈   일 명 지 사 구 유 존 심 어 애 물   어 인 필 유 소 제

녹봉은 백성들의 고혈

당나라 태종이 '어제'에서 말했다.

"위로는 지휘하는 사람이 있고,

중간에는 권세를 타고 이용하는 사람이 있고,

아래에는 이에 따라가기만 하는 백성이 있다.

백성들이 바친 비단으로 옷을 지어 입고,

곳간에 거두어 둔 곡식으로 밥을 지어 먹으니

그대들의 녹봉은 백성들의 고혈과 기름이라.

아래에 있는 백성을 학대하기는 쉬우나

위에서 내려다보는 푸른 하늘을 속이기는 어려우니라."

唐太宗御製云: "上有麾之, 中有乘之, 下有附之. 幣帛衣之,
당 태 종 어 제 운　　상 유 휘 지　중 유 승 지　하 유 부 지　폐 백 의 지

倉廩食之, 爾俸爾祿, 民膏民脂. 下民易虐, 上蒼難欺."
창 름 식 지　이 봉 이 록　민 고 민 지　하 민 이 학　상 창 난 기

공직자가 지켜야 할 세 가지 법도

《동몽훈》에서 말했다.

"관직을 맡았을 때 지켜야 할 세 가지 법도가 있으니, 청렴과 신중과 근면이라. 이 세 가지를 알면 제 몸 처신할 바를 아느니라."

童蒙訓曰: "當官之法, 唯有三事, 曰淸曰愼曰勤. 知此三者,
동 몽 훈 왈　　당 관 지 법　유 유 삼 사　왈 청 왈 신 왈 근　지 차 삼 자
知所以持身矣."
지 소 이 지 신 의

심하게 성냄을 경계하라

관직에 있는 사람은 반드시 심하게 성내는 것을 경계하라. 일에 옳지 않음이 있거든 마땅히 자세히 살펴서 처리하면 반드시 들어맞게 될 것이려니와 만약 먼저 크게 화부터 내면 다만 자신에게 해를 끼칠 뿐, 어찌 다른 사람을 해롭게 할 수 있으리오.

當官者, 必以暴怒爲戒. 事有不可, 當詳處之, 必無不中,
당 관 자　필 이 폭 노 위 계　사 유 불 가　당 상 처 지　필 무 부 중
若先暴怒, 只能自害, 豈能害人.
약 선 폭 노　지 능 자 해　기 능 해 인

나랏일을 집안일처럼

임금 섬기기를 어버이 섬기듯 하고,
윗사람 섬기기를 형을 섬기듯 하며,
동료와 사귀기를 집안사람처럼 하고,
여러 아전 대하기를 자기 집 하인 대하듯이 하며,
백성 사랑하기를 처자식같이 하고,
관청의 일 처리하기를 내 집안일처럼 하고 난 뒤에라야
능히 내 마음을 다했다 할 것이니,
만일 털끝만큼이라도 이르지 못함이 있으면
모두 내 마음에 극진하지 못한 바가 있기 때문이다.

事君如事親, 事長官如事兄, 與同僚如家人, 待群吏如奴僕,
사 군 여 사 친   사 장 관 여 사 형   여 동 료 여 가 인   대 군 리 여 노 복
愛百姓如妻子, 處官事如家事, 然後能盡吾之心. 如有毫末不至,
애 백 성 여 처 자   처 관 사 여 가 사   연 후 능 진 오 지 심   여 유 호 말 부 지
皆吾心有所未盡也.
개 오 심 유 소 미 진 야

아랫사람이 따르게 하려면

어떤 사람이 물었다.

"주부主簿는 현령을 보좌하는 사람인데, 주부가 하고자 하는 바를 혹시 현령이 따르지 않는다면 어떻게 합니까?"

이천 선생(북송의 학자 정이)이 대답했다.

"마땅히 정성스러운 마음으로 그 사람을 움직여야 하느니라.

지금 현령과 주부의 불화는 사사로운 생각으로 다투는 것이니라.

현령은 고을의 우두머리이니 아버지와 형을 섬기는 도리로 섬겨서 허물이 있으면 자신에게 돌리고, 잘한 것에 대해서는 현령에게 돌아가지 않을까 염려해야 하니, 이런 정성스러운 뜻이 쌓이면 어찌 사람을 움직이지 못함이 있으리오."

或問: "簿佐令者也. 簿所欲爲, 令或不從, 奈何?" 伊川先生曰:
혹 문   부 좌 령 자 야   부 소 욕 위   영 혹 부 종   내 하   이 천 선 생 왈

"當以誠意動之. 今令與簿不和, 便是爭私意. 令是邑之長,
당 이 성 의 동 지   금 령 여 부 불 화   변 시 쟁 사 의   영 시 읍 지 장

若能以事父兄之道, 事之, 過則歸己, 善則唯恐不歸於令,
약 능 이 사 부 형 지 도   사 지   과 즉 귀 기   선 즉 유 공 불 귀 어 령

積此誠意, 豈有不動得人."
적 차 성 의   기 유 부 동 득 인

백성을 대하는 도리

유안례(북송의 학자)가 백성을 대하는 도리를 묻자, 명도 선생이
대답했다.

"백성으로 하여금 각자의 뜻을 펴게 할지니라."

또 관리를 거느리는 도리를 묻자 대답했다.

"자신을 바르게 하여 남에게 이르러야 하느니라."

劉安禮問臨民, 明道先生曰: "使民各得輸其情." 問御吏, 曰:
유 안 례 문 임 민　명 도 선 생 왈　　사 민 각 득 수 기 정　　문 어 리　왈
"正己以格物."
정 기 이 격 물

진정한 충신이란

《포박자》에서 말했다.

"도끼를 맞더라도 바르게 간언하고, 가마솥에 던져져 삶겨 죽
더라도 옳은 말을 다 하면 이를 충신이라 한다."

抱朴子曰: "迎斧鉞而正諫, 據鼎鑊而盡言, 此謂忠臣也."
포 박 자 왈　　영 부 월 이 정 간　거 정 확 이 진 언　차 위 충 신 야

치가治家
집안을 다스리는 것이
만사의 시작

제목대로 어떻게 집안을 다스려야 하는지
가정 윤리를 제시하고 있습니다.
가정은 모든 일의 기본이 되는 공간으로,
손님 접대와 살림, 아랫사람 다스리는 법,
결혼에 임하는 자세까지 상세히 언급합니다.

빅데이터 시대에 10대가 꼭 알아야 할
명심보감

어른께 여쭈어라

사마온공이 말했다.
"무릇 낮은 자리에 있거나 나이 어린 사람들은
일의 크고 작음에 상관없이 제멋대로 하지 말고
반드시 집안 어른께 여쭤보고 해야 하느니라."

司馬溫公曰: "凡諸卑幼, 事無大小, 母得專行, 必咨稟於家長."
사 마 온 공 왈   범 제 비 유 사 무 대 소 무 득 전 행 필 자 품 어 가 장

손님 접대는 풍성하게, 집안 살림은 검소하게

손님을 접대함에는
풍성하게 하지 않을 수 없고,
집안 살림을 다스림에는
검소하지 않을 수 없느니라.

待客不得不豊, 治家不得不儉.
대 객 부 득 불 풍   치 가 부 득 불 검

서로 공경하는 부부가 되어라

태공이 말했다.

"어리석은 사람은 아내를 두려워하고,

어진 여인은 남편을 공경하느니라."

太公曰: "痴人畏婦, 賢女敬夫."
태 공 왈　치 인 외 부　현 녀 경 부

아랫사람을 부릴 때는
먼저 그의 어려움을 헤아려라

무릇 하인을 부리려면

먼저 그들의 배고픔과 추위를 생각해야 한다.

凡使奴僕, 先念飢寒.
범 사 노 복　선 념 기 한

가정의 화목이 만사의 시작

자식이 효도하면 어버이가 즐겁고,
집안이 화목하면 모든 일이 이루어진다.

子孝雙親樂, 家和萬事成.
자 효 쌍 친 락　 가 화 만 사 성

미리 헤아려 대비하라

항상 불이 나는 것을 막고,
밤마다 도둑이 드는 것을 방비하라.

時時防火發, 夜夜備賊來.
시 시 방 화 발　 야 야 비 적 래

부지런한 집안이 흥한다

《경행록》에서 말했다.

"아침과 저녁의 이르고 늦음을 보아

가히 그 사람의 집안이 흥하고 쇠할 것을 알 수 있다."

景行錄云: "觀朝夕之早晏, 可以卜人家之興替."
경 행 록 운   관 조 석 지 조 안   가 이 복 인 가 지 흥 체

결혼에 재물을 이야기하지 말라

문중자(수나라 말기의 학자 왕통)가 말했다.

"시집가고 장가드는 데

재물을 논하는 것은 오랑캐의 도이니라."

文仲子曰: "婚娶而論財, 夷虜之道也."
문 중 자 왈   혼 취 이 론 재   이 로 지 도 야

제 16편

안의 安義

의리 있게 살아라

3장의 짧은 내용으로 구성되어 있습니다.
부부, 부자, 형제가
인간관계의 기본임을 강조하고 있으며,
사람과 사람이 관계를 맺을 때 요구되는
도의에 대해서 논하고 있습니다.

빅데이터 시대에 10대가 꼭 알아야 할
명심보감

부부, 부자, 형제

《안씨가훈》에서 말했다.
"백성이 있은 뒤에 부부가 있고,
부부가 있은 뒤에 부자父子가 있고,
부자가 있은 뒤에 형제가 있으니,
한 집안의 친속親屬은 이 세 가지뿐이니라.
여기에서 나아가 구족九族에 이르기까지는
모두 이 세 관계에 뿌리를 두는 것이니라.
그러므로 인륜에 있어서 중요한 것이니
돈독하지 않아서는 안 되느니라."

顏氏家訓曰: "夫有人民而後, 有夫婦, 有夫婦而後, 有父子,
안 씨 가 훈 왈   부 유 인 민 이 후   유 부 부   유 부 부 이 후   유 부 자
有父子而後, 有兄弟, 一家之親, 此三者而已矣, 自玆以往.
유 부 자 이 후   유 형 제   일 가 지 친   차 삼 자 이 이 의   자 자 이 왕
至于九族, 皆本於三親焉. 故於人倫爲重也, 不可不篤."
지 우 구 족   개 본 어 삼 친 언   고 어 인 륜 위 중 야   불 가 부 독

형제는 손발과 같고, 부부는 의복과 같다

장자가 말했다.

"형제는 손발과 같고 부부는 의복과 같으니,

의복이 해졌을 때는

다시 새것으로 갈아입을 수 있지만

손발이 끊어진 것은 잇기가 어려우니라."

莊子曰: "兄弟爲手足, 夫婦爲衣服, 衣服破時更得新,
장 자 왈　　　형 제 위 수 족　　부 부 위 의 복　　의 복 파 시 갱 득 신

手足斷處難可續."
수 족 단 처 난 가 속

대장부와 소인배의 사귐

소동파가 말했다.

"부귀하다고 친하지 않고

빈천하다고 멀리하지 않으면

이는 사람 가운데 대장부요,

부귀하다고 찾아가고

빈천하다고 멀리하면

이는 사람 가운데 참으로 소인배니라."

蘇東坡云: "富不親兮貧不疎, 此是人間大丈夫,
소 동 파 운　　부 불 친 혜 빈 불 소　차 시 인 간 대 장 부

富則進兮貧則退, 此是人間眞小輩."
부 즉 진 혜 빈 즉 퇴　차 시 인 간 진 소 배

제 **17** 편

준례 遵禮

늘 예의 있게 행동하라

'준遵'은 '따른다'는 뜻이고,
'예禮'는 예절이라는 뜻으로
사람과 사람 사이에 지켜야 할
기본 예절을 강조하고 있습니다.

빅데이터 시대에 10대가 꼭 알아야 할
명심보감

매사에 예가 있어야 한다

공자가 말했다.

"가정에 예가 있으므로 어른과 아이의 분별이 있고,

규문에 예가 있으므로 삼족이 화목하고,

조정에 예가 있으므로 벼슬에 순서가 있고,

사냥에 예가 있으므로 군사 훈련이 숙달되고,

군대에 예가 있으므로 무공이 이루어지느니라."

子曰: "居家有禮故, 長幼辨, 閨門有禮故, 三族和, 朝廷有禮故,
자 왈   거 가 유 례 고 장 유 변 규 문 유 례 고 삼 족 화 조 정 유 례 고

官爵序, 田獵有禮故, 戎事閑, 軍旅有禮故, 武功成."
관 작 서 전 렵 유 례 고 융 사 한 군 려 유 례 고 무 공 성

용맹하기만 하고 예가 없으면

공자가 말했다.

"군자가 용맹하기만 하고 예가 없으면 난을 일으키게 되고,

소인이 용맹하기만 하고 예가 없으면 도적이 되느니라."

子曰: "君子有勇, 而無禮爲亂, 小人有勇, 而無禮爲盜"
자 왈　군 자 유 용　이 무 례 위 란　소 인 유 용　이 무 례 위 도

기준은 벼슬, 나이, 덕성

증자가 말했다.

"조정에는 벼슬만 한 것이 없고,

마을에는 나이만 한 것이 없고,

세상을 돕고 백성을 다스리는 데는 덕만 한 것이 없느니라."

曾子曰: "朝廷莫如爵, 鄕黨莫如齒, 輔世長民莫如德."
증 자 왈　조 정 막 여 작　향 당 막 여 치　보 세 장 민 막 여 덕

하늘이 정한 질서를 따르라

늙은이와 젊은이, 어른과 아이는
하늘이 부여한 질서이니,
이치를 거스르고 도리를 어긋나게 해서는 안 된다.

老少長幼, 天分秩序, 不可悖理而傷道也.
노 소 장 유　천 분 질 서　불 가 패 리 이 상 도 야

큰 손님을 뵐 듯이, 누가 있는 듯이

밖을 나설 때는
큰 손님을 뵐 듯이 하고,
방 안으로 들어올 때는
사람이 있는 듯 해야 하느니라.

出門如見大賓, 入室如有人.
출 문 여 견 대 빈　입 실 여 유 인

대접받고 싶으면 먼저 대접하라

만약 다른 사람이
나를 정중히 대해 주기를 바라거든
내가 다른 사람을 정중히 대하는 것보다
나은 것이 없느니라.

若要人重我, 無過我重人
약 요 인 중 아   무 과 아 중 인

자식 자랑을 말고,
부모의 허물을 말하지 말라

부모는 자식의 덕을 말하지 말 것이며,
자식은 부모의 허물을 말하지 않는다.

父不言子之德, 子不談父之過.
부 불 언 자 지 덕   자 부 담 부 지 과

제 18 편

언어 言語

말조심만큼
어려운 것이 없으니

언어 생활의 중요성을 말합니다.
필요 이상의 말과 이치에 맞지 않는 말의 불필요성과
한마디 말이 갖는 힘에 관해 언급하며
말조심할 것을 권유하고 있습니다.

빅데이터 시대에 10대가 꼭 알아야 할
명심보감

이치에 안 맞는 말은
하지 않느니만 못하니

유회(남조 제나라의 문장가)가 말했다.
"말이 이치에 맞지 않으면
말을 하지 않느니만 못하니라."

劉會曰: "言不中理, 不如不言."
유 회 왈   언 부 중 리 불 여 불 언

한마디도 그름이 없어야 한다

한마디의 말이라도 맞지 않으면,
천 마디의 말도 쓸데없다.

一言不中, 千語無用.
일 언 부 중   천 어 무 용

입, 재앙과 근심이 드나드는 문

군평(전한 시대 촉나라 사람)이 말했다.
"입과 혀는 재앙과 근심이 드나드는 문이요,
몸을 망치는 도끼니라."

君平曰: "口舌者, 禍患之門, 滅身之斧也."
군 평 왈   구 설 자   화 환 지 문   멸 신 지 부 야

이롭게 하는 말, 다치게 하는 말

　사람을 이롭게 하는 말은 솜처럼 따뜻하고, 사람을 다치게 하는 말은 가시처럼 날카롭다. 사람을 이롭게 하는 한마디 말은 중하기가 천금의 값어치요, 사람을 다치게 하는 한마디 말은 아프기가 칼로 베이는 것과 같다.

利人之言, 煖如綿絮, 傷人之語, 利如荊棘, 一言利人, 重值千金,
이 인 지 언   난 여 면 서   상 인 지 어   이 여 형 극   일 언 이 인   중 치 천 금
一語傷人, 痛如刀割.
일 어 상 인   통 여 도 할

입을 다물고 혀를 감추라

입은 곧 사람을 상하게 하는 도끼요,
말은 곧 혀를 베는 칼이니,
입을 다물고 혀를 깊이 감추어 두면
몸을 어디에 두나 안전할 것이다.

口是傷人斧, 言是割舌刀, 閉口深藏舌, 安身處處牢.
구 시 상 인 부　언 시 할 설 도　폐 구 심 장 설　안 신 처 처 뢰

열 마디 중 세 마디만 하라

사람을 만나거든 열 마디 중 세 마디만 말하고,
한 조각 마음까지 모두 던져서는 안 될 것이니,
호랑이 입이 세 개라도 두렵지 않음이요,
다만 사람이 두 마음 품는 것을 두려워하라.

逢人且說三分話, 未可全抛一片心, 不怕虎生三個口,
봉 인 차 설 삼 분 화　미 가 전 포 일 편 심　불 파 호 생 삼 개 구
只恐人情兩樣心.
지 공 인 정 양 양 심

한마디 말도 많을 때가 있다

술은 나를 알아주는 친구를 만나면
천 잔을 마셔도 부족하지만,
말은 적절한 시기가 아니면 한마디도 많다.

酒逢知己千鍾少, 話不投機一句多.
주 봉 지 기 천 종 소 화 불 투 기 일 구 다

제 **19** 편

교우 交友

친구를 잘 사귀어라

자신의 의사와 상관없이 구성되는 것이 가족이라면,
친구는 자신의 의지와 결정으로 쌓아 가는 관계입니다.
그러므로 좋은 친구를 가려내는 안목을 길러야 합니다.
이 편에서는 친구 사귀기의 중요성과
진정한 친구를 가늠하는 기준을 제시합니다.

빅데이터 시대에 10대가 꼭 알아야 할
명심보감

먹을 가까이하면 자신도 모르게 검어지니

공자가 말했다.

"선한 사람과 함께 있으면

난초가 있는 방 안에 들어간 것과 같아서

시간이 한참 지나면 그 향기를 맡지 못하지만

그 향기에 동화될 것이요,

선하지 못한 사람과 함께 있으면

절인 생선 가게에 들어간 것과 같아서

시간이 한참 지나면 그 냄새를 맡지 못하지만

역시 그 냄새에 동화될 것이니,

붉은 것을 지니고 있는 것은 붉어지고,

검은 것을 지니고 있는 것은 검어지느니라.

이 때문에 군자는 반드시

함께 지내는 사람에 대해서 신중한 것이니라."

子曰: "與善人居, 如入芝蘭之室, 久而不聞其香, 卽與之化矣,
자 왈   여 선 인 거   여 입 지 란 지 실   구 이 불 문 기 향   즉 여 지 화 의

與不善人居, 如入鮑魚之肆, 久而不聞其臭, 亦與之化矣,
여 불 선 인 거   여 입 포 어 지 사   구 이 불 문 기 취   역 여 지 화 의

丹之所藏者赤, 漆之所藏者黑. 是以君子, 必愼其所與處者焉."
단 지 소 장 자 적   칠 지 소 장 자 흑   시 이 군 자   필 신 기 소 여 처 자 언

누구와 함께 가느냐가 중요하다

《공자가어》에서 말했다.

"배우기를 좋아하는 사람과 함께 가면
안개 속을 걷는 것과 같아서
비록 옷은 젖지 않더라도
점차 물기가 배어 축축하게 되고,
식견이 없는 사람과 함께 가면
측간에 앉아 있는 것과 같아서
비록 옷은 더럽히지 않더라도
점차 그 냄새가 풍겨지느니라."

家語云: "與好學人同行, 如霧露中行, 雖不濕衣, 時時有潤,
가 어 운   여 호 학 인 동 행 여 무 로 중 행 수 불 습 의 시 시 유 윤
與無識人同行, 如厠中坐, 雖不汚衣, 時時聞臭."
여 무 식 인 동 행 여 측 중 좌 수 불 오 의 시 시 문 취

사귐이 오래되어도

공자가 말했다.

"안평중(안영)은 사람들과 사귀기를 잘하는도다.

사귄 지 오래되어도 그를 공경하는구나."

子曰: "晏平仲, 善與人交. 久而敬之."
자 왈　　안 평 중　선 여 인 교　구 이 경 지

아는 사람은 많아도
마음을 알아주는 이는 적다

서로 알고 지내는 사람이 세상에 가득하건만

마음을 알아주는 사람은 몇이나 되겠는가?

相識滿天下, 知心能幾人.
상 식 만 천 하　지 심 능 기 인

좋을 때 함께하는 사람은 많아도
어려울 때 함께하는 사람은 적다

술 마시고 밥 먹을 때

형, 아우 하던 이들은 천 명이나 되건만,

다급하고 어려울 때는

친구가 하나도 없느니라.

酒食兄弟, 千個有, 急難之朋, 一個無.
주 식 형 제 천 개 유 급 난 지 붕 일 개 무

열매 없는 꽃, 의리 없는 친구

열매를 맺지 않는 꽃은 심지 말고,
의리가 없는 친구는 사귀지 말라.

不結子花, 休要種, 無義之朋, 不可交.
불 결 자 화   휴 요 종   무 의 지 붕   불 가 교

군자의 사귐, 소인의 사귐

군자의 사귐은 담박하기가 물과 같고,
소인의 사귐은 달콤하기가 단술과 같네.

君子之交, 淡如水, 小人之交, 甘若醴.
군 자 지 교   담 여 수   소 인 지 교   감 약 례

사람은 겪어 봐야 안다

길이 멀어야
말馬의 힘을 알 수 있고,
시간이 오래 지나야
사람의 마음을 알 수 있다.

路遙知馬力, 日久見人心.
노 요 지 마 력   일 구 견 인 심

제 20 편

부행 婦行

어진 여성이 되어라

여성이 지녀야 할 덕목에 대해 이야기합니다.
특히 어진 아내와 그렇지 못한 아내가
남편과 가정에 어떤 영향을 끼치는지를 다루며,
아내의 역할이 얼마나 중요한지 말하고 있습니다.

빅데이터 시대에 10대가 꼭 알아야 할
명심보감

여성의 네 가지 덕

《익지서》에서 말했다.

"여자에게는 네 가지 덕의 칭송이 있어야 하니,

첫째는 부덕(덕성)이요, 둘째는 부용(용모)이요,

셋째는 부언(말씨)이요, 넷째는 부공(솜씨)이니라."

益智書云: "女有四德之譽, 一曰: 婦德, 二曰: 婦容, 三曰: 婦言,
익 지 서 운   여 유 사 덕 지 예   일 왈   부 덕   이 왈   부 용   삼 왈   부 언

四曰: 婦工也."
사 왈   부 공 야

부덕, 부용, 부언, 부공

부덕이란 반드시 재주가 남달라 이름이 나는 것을 말하는 것이
아니요,

부용이란 반드시 얼굴이 아름답고 곱다는 것이 아니요,

부언이란 반드시 구변이 좋고 말 잘하는 것이 아니요,

부공이란 반드시 손재주가 다른 사람보다 뛰어남을 말하는 것
이 아니다.

婦德者, 不必才名絶異, 婦容者, 不必顔色美麗, 婦言者,
부 덕 자 불 필 재 명 절 이 부 용 자 불 필 안 색 미 려 부 언 자

不必辯口利詞, 婦工者, 不必技巧過人也.
불 필 변 구 이 사 부 공 자 불 필 기 교 과 인 야

여성이라면 갖춰야 하는 것

부덕이란 맑고 지조가 곧으며,
염치와 절도가 있어 분수를 지키고 마음을 바르게 가다듬으며,
행동거지에 부끄러움이 있고 움직임에는 법도가 있는 것이니,
이것이 부덕이 되는 것이다.

부용이란 먼지와 때를 깨끗이 씻어
옷차림을 정결하게 하며,
목욕을 때에 맞추어 하여 제 몸에 더러움이 없게 하는 것이니,
이것이 부용이 되는 것이다.

부언이란 말을 가려서 하되
예의에 어긋나는 말을 하지 않으며 꼭 말해야 할 때 말하고
사람들이 그 말을 싫어하지 않게 말하는 것이니,
이것이 부언이 되는 것이다.

부공이란 오로지 길쌈을 부지런히 하고
술 냄새 풍기기를 좋아하지 않으며
맛있는 음식을 갖추어 손님을 대접하는 것이니,
이것이 부공이 되는 것이다.

이 네 가지 덕은 부녀자에게 없어서는 안 되는 것으로
행하는 것은 매우 쉽고,
그렇게 힘쓰는 것이 올바르니
이에 따라 하는 것이 바로 부녀자의 예절이다.

其婦德者, 清貞廉節, 守分整齊, 行止有恥, 動靜有法,
기 부 덕 자 청 정 염 절 수 분 정 제 행 지 유 치 동 정 유 법

此爲婦德也, 婦容者, 洗浣塵垢, 衣服鮮潔, 沐浴及時,
차 위 부 덕 야 부 용 자 세 완 진 구 의 복 선 결 목 욕 급 시

一身無穢, 此爲婦容也, 婦言者, 擇師而說, 不談非禮,
일 신 무 예 차 위 부 용 야 부 언 자 택 사 이 설 부 담 비 례

時然後言, 人不厭其言, 此爲婦言也, 婦工者, 專勤紡績,
시 연 후 언 인 불 염 기 언 차 위 부 언 야 부 공 자 전 근 방 적

勿好葷酒, 供具甘旨, 以奉賓客, 此爲婦工也. 此四德者,
물 호 훈 주 공 구 감 지 이 봉 빈 객 차 위 부 공 야 차 사 덕 자

是婦人之所不可缺者, 爲之甚易, 務之在正, 依此而行,
시 부 인 지 소 불 가 결 자 위 지 심 이 무 지 재 정 의 차 이 행

是爲婦節.
시 위 부 절

부드러운 말씨

태공이 말했다.

"부인의 예절은 말소리가 반드시 부드러워야 하느니라."

太公曰: "婦人之禮, 語必細."
태 공 왈　　부 인 지 례　어 필 세

어진 아내, 간악한 아내

어진 아내는
남편을 귀하게 만들고,
간악한 아내는
남편을 천하게 만든다.

賢婦令夫貴, 佞婦令夫賤.
현 부 영 부 귀　영 부 영 부 천

어진 아내는
남편이 당할 화를 예방한다

집에 어진 아내가 있으면
남편이 뜻밖의 화를 당하지 않는다.

家有賢妻, 夫不遭橫禍.
가 유 현 처　부 부 조 횡 화

화목한 가정에는 어진 부인이 있다

어진 부인은
육친(부모, 형제, 처자)을 화목하게 하고,
간악한 부인은
육친의 화목을 깨뜨리느니라.

賢婦和六親, 佞婦破六親.
현 부 화 육 친　영 부 파 육 친

제 21 편

증보 增補
선악에는 응보가 있다

'증보增補'라는 제목 그대로
앞에서 다뤄지지 않았던 내용을
덧붙여 보충한 것입니다.
눈에 보이진 않지만 선과 악이 조금씩 쌓여 가면
나중에 큰 결과를 초래할 수 있음을 말하고 있습니다.

빅데이터 시대에 10대가 꼭 알아야 할
명심보감

선은 행하고, 악은 버려라

《주역》에서 말했다.

"선을 쌓지 않으면 명성을 이룰 수 없고,

악을 쌓지 않으면 몸을 망치는 일이 없거늘

소인은 사소한 선으로는 유익함이 없다 하여 행하지 않고,

사소한 악으로는 해로움이 없다 하여 버리지 않는다.

그러므로 악이 쌓이면 숨길 수 없게 되고,

죄가 커지면 풀 수가 없게 된다."

周易曰: "善不積, 不足以成名, 惡不積, 不足以滅身,
주 역 왈   선 부 적 부 족 이 성 명 악 부 적 부 족 이 멸 신

小人, 以小善, 爲無益而弗爲也, 以小惡, 爲無傷而弗去也.
소 인 이 소 선 위 무 익 이 불 위 야 이 소 악 위 무 상 이 불 거 야

故惡積而不可掩, 罪大而不可解."
고 악 적 이 불 가 엄   죄 대 이 불 가 해

나쁜 마음이 쌓여 큰 악을 만든다

서리를 밟게 되면
단단한 얼음이 얼 때가 올 것이니,
신하가 임금을 시해하고,
아들이 아버지를 죽이는 것은
하루아침이나 하룻저녁에 일어나는 일이 아니라
그 일이 이루어지기까지 점차 쌓여 온 것이다.

履霜堅氷至. 臣弑其君, 子弑其父, 非一朝一夕之事,
이 상 견 빙 지　신 시 기 군　자 시 기 부　비 일 조 일 석 지 사
其由來者漸矣.
기 유 래 자 점 의

제 22 편

팔반가팔수八反歌八首
돌이켜 생각해야 할
8개의 노래

〈팔반가팔수八反歌八首〉는
어버이를 봉양하고 아이를 양육함에 있어서,
여덟 가지의 상반된 마음을 비교하여 읊은 노래입니다.
어린 자식과 늙으신 어버이를
서로 다르게 대하는 태도의 실례實例를 들어가며
그 상반됨을 날카롭게 꼬집고 있습니다.

빅데이터 시대에 10대가 꼭 알아야 할
명심보감

자식과 부모를 대하는 마음이
어찌 이리 다른가

어린 자식이 혹 나를 꾸짖으면
내 마음에 기쁨이 느껴지지만
부모가 나에게 노여워하시면
내 마음은 도리어 달갑지 않다.
한쪽은 기쁘고 한쪽은 달갑지 않으니,
아이를 대하고 부모를 대하는 마음에
어찌 이리 현격한 차이가 있는가.
그대에게 권하노니,
오늘 어버이가 화내는 것을 대하거든
어린 자식 꾸짖음에 기쁘듯이 돌이켜 보라.

幼兒或詈我, 我心覺懽喜, 父母嗔怒我, 我心反不甘.
유 아 혹 이 아   아 심 각 환 희   부 모 진 노 아   아 심 반 불 감
一喜懽一不甘, 待兒待父心何懸. 勸君今日逢親怒,
일 희 환 일 불 감   대 아 대 부 심 하 현   권 군 금 일 봉 친 노
也應將親作兒看.
야 응 장 친 작 아 간

자식과 부모를 바꿔 생각하라

아이들이 천 마디 말을 하더라도
그대는 항상 싫어하지 않으나,
부모가 한 번만 입을 열어도
쓸데없이 참견한다고 하네.
쓸데없는 참견이 아니라
부모 마음에 거리껴서 그러는 것이니,
흰머리 되도록 살아오면서
많은 것을 깨닫고 겪었기 때문이니라.
그대에게 권하노니,
노인 말씀 공손히 받들고
젖내 나는 입으로 길고 짧음을 다투지 말라.

兒曹出千言, 君聽常不厭, 父母一開口, 便道多閑管.
아 조 출 천 언 군 청 상 불 염 부 모 일 개 구 변 도 다 한 관

非閑管親掛牽. 皓首白頭, 多諳練. 勸君敬奉老人言,
비 한 관 친 괘 견 호 수 백 두 다 암 련 권 군 경 봉 노 인 언

莫敎乳口爭長短.
막 교 유 구 쟁 장 단

너를 위해 살과 뼈가 닳으셨으니

어린아이의 더러운 똥, 오줌에는
싫어함과 거리낌이 없는데,
늙은 어버이의 콧물과 침이 떨어지면
도리어 싫어하고 꺼리는 마음이 있네.
여섯 자 되는 몸이 어디에서 왔는가?
아버지의 정기와 어머니의 피로 그대의 몸을 만들었도다.
그대에게 권하노니,
늙어 가는 부모를 공경하여 대접하라.
젊었을 때 그대를 위하여 살과 뼈가 닳으셨도다.

幼兒尿糞穢, 君心無厭忌, 老親涕唾零, 反有憎嫌意.
유 아 뇨 분 예   군 심 무 염 기   노 친 체 타 령   반 유 증 혐 의
六尺軀來何處, 父精母血成汝體. 勸君敬待老來人.
육 척 구 래 하 처   부 정 모 혈 성 여 체   권 군 경 대 로 래 인
壯時爲爾筋骨敝.
장 시 위 이 근 골 폐

떡 하나도 부모 먼저

그대가 새벽에 시장에 가서 밀가루 떡과 흰떡을 사는 것을 보았지만,

부모님께 드린다는 말은 거의 들리지 않고,

아이에게 준다는 이야기만 많으니라.

부모님은 맛도 보지 못하였는데

아이들은 먼저 배부르니,

자식 된 마음은 부모가 좋아하는 마음에 미치지 못하느니라.

그대에게 권하노니,

떡 살 돈을 두둑이 내어

흰머리에 세월이 얼마 남지 않은 부모님을 공양하라.

看君晨入市, 買餠又買餻, 少聞供父母, 多說供兒曹.
간 군 신 입 시   매 병 우 매 고   소 문 공 부 모   다 설 공 아 조

親未啖兒先飽, 子心, 不比親心好. 勸君多出買餠錢,
친 미 담 아 선 포   자 심   불 비 친 심 호   권 군 다 출 매 병 전

供養白頭光陰少.
공 양 백 두 광 음 소

부모의 건강을 살펴라

시장 안의 약을 파는 가게에는

오직 아이를 살찌게 하는 약만 있고,

어버이 건강하게 하는 약은 없다 하니

무슨 까닭으로 두 가지로 보는가.

아이도 병들고 어버이도 병들었을 때,

아이의 병을 고치는 것이

어버이의 병을 고치는 것에 견주지 못할 것이니라.

넓적다리 살을 베어 내더라도

이 또한 부모의 육신이니,

그대에게 권하노니,

빨리 어버이의 목숨을 보전하라.

市間賣藥肆, 惟有肥兒丸, 未有壯親者, 何故兩般看.
시 간 매 약 사 유 유 비 아 환 미 유 장 친 자 하 고 양 반 간
兒亦病親亦病, 醫兒不比醫親症. 割股, 還是親的肉,
아 역 병 친 역 병 의 아 불 비 의 친 증 할 고 환 시 친 적 육
勸君亟保雙親命.
권 군 극 보 쌍 친 명

부모 봉양을 자식 기르듯이

부귀하면 어버이를 봉양하기 쉬우나
어버이의 마음에는 항상 편치 못함이 있고,
빈천하면 자식을 기르기 어려우나
아이는 배고픔과 추위를 겪지 않느니라.
한 가지 마음 두 가지 길에,
부모 위함이 끝내 어린아이 위함만 못하니라.
그대에게 권하노니,
어버이 섬기기를 자식 기르듯 하여
모든 일을 집이 부유하지 못한 가난 탓이라 미루지 말라.

富貴養親易, 親常有未安, 貧賤養兒難, 兒不受饑寒,
부 귀 양 친 이   친 상 유 미 안   빈 천 양 아 난   아 불 수 기 한
一條心兩條路, 爲兒終不如爲父. 勸君養親如養兒,
일 조 심 양 조 로   위 아 종 불 여 위 부   권 군 양 친 여 양 아
凡事莫推家不富.
범 사 막 추 가 불 부

한 부모는 열 자식을 거느려도
열 자식은 한 부모를 못 모신다

어버이를 봉양함에는 다만 두 분뿐이로되
항상 형제끼리 서로 미루어 다투고,
자식을 기를 때는 비록 열 명이 된다 하더라도
홀로 모두를 떠맡느니라.
자식이 배부르고 따뜻한지는 항상 친히 묻되,
부모의 배고픔과 추위는 마음에 있지 않느니라.
그대에게 권하노니,
어버이 섬기기에 모름지기 힘을 다하라.
애초에 입을 것과 먹을 것을 그대에게 빼앗겼느니라.

養親只二人, 常與兄弟爭, 養兒雖十人, 君皆獨自任.
양 친 지 이 인   상 여 형 제 쟁   양 아 수 십 인   군 개 독 자 임
兒飽煖親相問, 父母饑寒不在心. 勸君養親須竭力,
아 포 난 친 상 문   부 모 기 한 부 재 심   권 군 양 친 수 갈 력
當初衣食被君侵.
당 초 의 식 피 군 침

자식의 효도를 믿지 말라

어버이에게는 지극한 사랑이 있되
그대는 그 은혜를 생각지 않고,
자식에게 조금만 효도함이 있으면
그대는 그 이름을 자랑하려 드느니라.
어버이를 대함에는 어둡고 자식을 대함에는 밝으니,
누가 자식 기르는 어버이의 마음을 알리오.
그대에게 권하노니,
아이들의 효도를 부질없이 믿지 말라.
아이들의 본보기가 그대 자신에게 있느니라.

親有十分慈, 君不念其恩, 兒有一分孝, 君就揚其名.
친 유 십 분 자　군 불 념 기 은　아 유 일 분 효　군 취 양 기 명
待親暗待兒明, 誰識高堂養子心. 勸君漫信兒曹孝,
대 친 암 대 아 명　수 식 고 당 양 자 심　권 군 만 신 아 조 효
兒曹樣子在君身.
아 조 양 자 재 군 신

제 25 편

효행孝行 속
하늘을 감동시킨 효자들

❀ ❀ ❀

제4편 〈효행孝行〉의 속편에 해당하며
효자들의 구체적인 사례가 실려 있습니다.
어머니를 봉양하기 위해 자식을 땅에 묻으려 한 손순,
자신의 다리 살을 베어 부모를 봉양한 상덕,
지극한 효성에 하늘도 감동하여
때 아닌 홍시를 내려준 도씨의 이야기가 실렸습니다.

빅데이터 시대에 10대가 꼭 알아야 할
명심보감

어머니를 위해 자식을 묻으려 하다

손순孫順은 집이 가난하여 아내와 함께 남의 집에 품을 팔아 어머니를 봉양하였는데, 어린 자식이 매번 어머니 드릴 음식을 빼앗아 먹었다. 손순이 아내에게 말했다.

"아이가 어머님 드실 음식을 먹는구려. 자식은 또 낳을 수 있으나 어머님은 다시 모시기 어렵지 않소."

이에 아이를 등에 업고 귀취산 북쪽 교외로 가서 묻으려고 땅을 팠는데, 뜻밖에 아주 신기한 석종이 나왔다. 놀랍고 괴이하게 여겨 그것을 쳐보니 은은하여 듣기에 좋았다. 아내가 말했다.

"이 같은 기이한 물건을 얻은 것은 모두가 다 아이의 복인 듯합니다. 아이를 묻어서는 안 될 것 같습니다."

손순도 그렇게 여기고 아이와 함께 석종을 들고 집으로 돌아와 대들보에 매달고 종을 울렸다.

임금이 종소리가 맑고도 멀리 퍼지는 것을 이상하게 여겨 그 사실을 자세히 듣고 말씀하셨다.

"옛적에 곽거郭巨가 아들을 묻으려 하자 하늘이 금솥을 내렸는데, 오늘에는 손순이 아들을 묻으려 하자 땅에서 석종이 나왔으니 전세前世의 효도와 후세의 효도를 천지가 서로 같게 보는구나."

그리고는 집 한 채를 내리고 해마다 쌀 50섬을 주었다.

孫順, 家貧與其妻, 傭作人家以養母, 有兒每奪母食. 順謂妻曰:
손순 가빈여기처 용작인가이양모 유아매탈모식 순위처왈

"兒奪母食, 兒可得, 母難再求." 乃負兒往歸醉山北郊,
아탈모식 아가득 모난재구 내부아왕귀취산북교

欲埋掘地, 忽有甚奇石鐘, 驚怪試撞之, 舂容可愛. 妻曰:
욕매굴지 홀유심기석종 경괴시당지 용용가애 처왈

"得此奇物, 殆兒之福, 埋之不可." 順以爲然, 將兒與鐘還家,
득차기물 태아지복 매지불가 순이위연 장아여종환가

懸於樑撞之, 王聞鐘聲淸遠異常而覈聞其實.
현어량당지 왕문종성청원이상이핵문기실

曰: "昔郭巨埋子, 天賜金釜, 今孫順埋兒, 地出石鐘,
왈 석곽거매자 천사금부 금손순매아 지출석종

前後符同." 賜家一區, 歲給米五十石.
전후부동 사가일구 세급미오십석

허벅지 살을 베어 부모를 봉양하다

상덕尙德이 흉년과 전염병이 나도는 해를 만나 부모가 굶주리고 병들어 죽게 될 지경에 이르렀다.

상덕은 밤낮으로 옷도 벗지 않고 정성을 다하여 안심하도록 위로하며, 봉양할 것이 없으면 넓적다리 살을 베어 고기인 양 드시게 했고, 어머니께 종기가 나자 입으로 빨아서 낫게 하였다.

임금이 이를 기특히 여겨 큰 상을 내렸고, 그 마을에 정문旌門(충신, 효자, 열녀 등을 표창하기 위하여 집 앞이나 마을 입구에 세우던 붉은 문)을 세우라고 명령하고 비석을 세워 그 효행을 기록하게 하였다.

尙德, 値年荒癘疫, 父母飢病濱死, 尙德, 日夜不解衣, 盡誠安慰,
상 덕　치 년 황 려 역　부 모 기 병 빈 사　상 덕　일 야 불 해 의　진 성 안 위
無以爲養, 則刲髀肉食之, 母發癰, 吮之卽癒. 王嘉之, 賜賚甚厚,
무 이 위 양　즉 규 비 육 사 지　모 발 옹　연 지 즉 유　왕 가 지　사 뢰 심 후
命旌其門, 立石紀事.
명 정 기 문　입 석 기 사

홍시를 구하려 호랑이 등을 타다

도씨는 집안이 가난하였으나 효성이 지극하였다. 숯을 팔아서 고기를 사다가 어머니 반찬에 부족함이 없이 공양했다.

하루는 장에서 늦어 바삐 돌아오는데 솔개가 갑자기 고기를 확 채어 가 버렸다. 도씨가 슬피 울며 집에 이르니, 솔개가 먼저 고기를 집 안뜰에 던져 놓았다.

하루는 어머니가 병이 나서 때 아닌 홍시를 찾기에, 도씨가 감나무 숲을 헤매다가 날이 저문 것도 모르고 있었는데, 호랑이가 나타나 누차 앞길을 가로막고 올라타라는 뜻을 보였다.

도씨는 호랑이를 타고 백여 리나 떨어진 산속 마을에 이르러 인가를 찾아 묵었는데, 잠시 뒤에 주인이 제삿밥을 내오는데 홍시가 있었다.

도씨는 심히 기뻐하며 홍시가 어디서 난 것인지를 묻고, 자기가 온 뜻을 말했다. 그러자 주인이 대답했다.

"돌아가신 아버지께서 홍시를 즐기셨기에 매년 가을이면 감 2백 개를 골라서 굴속에 저장해 두었습니다. 그러나 제사를 지내는 5월까지 온전한 것은 고작 7, 8개에 불과했는데 금년에는 온전한 것이 50개나 되어 마음속으로 이상하게 여겼습니다. 하늘이 그대의 효성에 감동한 것이었군요."

이렇게 말하고 홍시 20개를 내어 주었다. 도씨가 감사의 인사를 하고 문밖으로 나오니, 호랑이가 아직도 엎드린 채 기다리고 있었다. 호랑이를 타고 집에 이르니 새벽닭이 울었다.

뒷날 어머니가 천명을 다 누리고 돌아가시자, 도씨는 피눈물을 흘리며 슬퍼하였다.

都氏家貧至孝. 賣炭買肉, 無闕母饌, 一日, 於市, 晩而忙歸,
도 씨 가 빈 지 효   매 탄 매 육   무 궐 모 찬   일 일   어 시   만 이 망 귀

鳶忽攫肉, 都悲號至家, 鳶旣投肉於庭. 一日,
연 홀 확 육   도 비 호 지 가   연 기 투 육 어 정   일 일

母病索非時之紅柿, 都彷徨柿林, 不覺日昏,
모 병 색 비 시 지 홍 시   도 방 황 시 림   불 각 일 혼

有虎屢遮前路, 以示乘意, 都乘至百餘里山村, 訪人家投宿,
유 호 루 차 전 로   이 시 승 의   도 승 지 백 여 리 산 촌   방 인 가 투 숙

俄而主人, 饋祭飯而有紅柿. 都喜, 問柿之來歷, 且述己意.
아 이 주 인   궤 제 반 이 유 홍 시   도 희   문 시 지 내 력   차 술 기 의

答曰: "亡父嗜柿, 故每秋, 擇柿二百個, 藏諸窟中, 而至此五月,
답 왈   망 부 기 시   고 매 추   택 시 이 백 개   장 제 굴 중   이 지 차 오 월

則完者不過七八, 今得五十個完者, 故心異之, 是天感君孝."
즉 완 자 불 과 칠 팔   금 득 오 십 개 완 자   고 심 이 지   시 천 감 군 효

遺以二十顆, 都謝出門外, 虎尙俟伏, 乘至家, 曉鷄喔喔.
유 이 이 십 과   도 사 출 문 외   호 상 사 복   승 지 가   효 계 악 악

後母以天命終都有血淚.
후 모 이 천 명 종 도 유 혈 루

제 **24** 편

염의 廉義
청렴하고 의롭게

청렴하고 의롭게 살아간 사람들의 이야기를 담았습니다.
정직과 양심으로 벼슬을 얻은 숯 장수 인관과 솜을 산 서조,
청렴으로 도둑을 감화시킨 홍기섭,
임금이 한번 뱉은 말은 지켜야 한다며
바보 온달을 찾아간 평강 공주의 이야기가 실려 있습니다.

빅데이터 시대에 10대가 꼭 알아야 할
명심보감

정직과 양심으로 벼슬을 얻다

인관印觀이 시장에서 솜을 팔았다. 서조署調라는 사람이 곡식으로 솜을 사 가지고 돌아갔는데, 솔개가 그 솜을 낚아채 가지고 인관의 집에 떨어뜨렸다. 인관이 솜을 서조에게 되돌려주며 말했다.

"솔개가 당신의 솜을 내 집에 떨어뜨렸으니 되돌려드리겠습니다."

서조가 말했다.

"솔개가 솜을 낚아채서 그대에게 준 것은 하늘이 시킨 일이거늘 어찌 되돌려받겠습니까?"

그러자 인관이 말했다.

"그렇다면 받은 곡식을 돌려드리겠습니다."

서조가 말했다.

"내가 그대에게 곡식을 준 후로 이미 두 차례나 장날이 지나갔으니, 그 곡식은 이미 당신의 것입니다."

두 사람은 서로 사양하다가 결국에 솜과 곡식을 시장에 내다버렸다.

시장 관리가 이를 임금에게 아뢰니, 임금이 두 사람에게 벼슬을 내렸다.

印觀, 賣綿於市, 有署調者以穀買之而還, 有鳶, 攫其綿,
인관 매면어시 유서조자이곡매지이환 유연 확기면

墮印觀家, 印觀歸于署調曰:"鳶墮汝綿於吾家, 故還汝."
타인관가 인관귀우서조왈   연타여면어오가 고환여

署調曰:"鳶攫綿與汝, 天也. 吾何受爲." 印觀曰:
서조왈   연확면여여 천야 오하수위   인관왈

"然則還汝穀." 署調曰:"吾與汝者市二日, 穀已屬汝矣."
연즉환여곡   서조왈   오여여자시이일 곡이속여의

二人相讓, 幷棄於市. 掌市官, 以聞王竝賜爵.
이인상양 병기어시 장시관 이문왕병사작

청렴으로 도둑을 감화시키다

홍기섭이 젊었을 때 매우 가난하여 먹을 것이 없었다. 하루는 아침에 어린 계집종이 뛰어와서 돈 일곱 냥을 바치며 말했다.

"이것이 솥 안에 있었습니다. 이 돈이면 쌀이 몇 섬이요, 나무가 몇 바리입니다. 하늘이 내려 주신 것입니다."

공이 놀라며 말했다.

"이것이 무슨 돈인고?"

그리고 곧 '돈을 잃은 사람은 찾아가시오'라는 글을 써서 대문에 붙이고 기다렸다. 얼마 후에 유씨 성을 가진 사람이 와서 대문에 붙인 글의 뜻을 물었다.

이에 공이 자세히 그 내용을 설명하니, 유씨가 말했다.

"돈을 남의 솥 안에다 잃을 이치가 없으니, 그 돈은 필경 하늘이 내려 준 것입니다. 어찌 그것을 가지려 하지 않으십니까?"

그러자 공이 말했다.

"나의 물건이 아닌데 어찌 취할 수 있단 말입니까?"

그러자 유씨가 꿇어 엎드리며 말했다.

"소인이 어젯밤에 솥을 훔치러 왔다가 가세가 너무 쓸쓸한 것을 안타까이 여겨 이 돈을 솥 안에 놓고 갔습니다. 소인은 이제 공의 청렴에 감동하고 양심이 절로 우러나와 다시는 도적질을 하지 않으려고 맹세하며, 앞으로도 항상 옆에서 모시기를 원하오니, 염려 마시고 이 돈을 거두어 주십시오."

공은 즉시 돈을 돌려주며 "그대가 착한 사람이 된 것은 참으로 좋은 일이나 그래도 이 돈은 취할 수 없소." 하고 끝내 받지 않았다.

후에 공은 판서가 되었고, 그의 아들 재룡은 헌종의 장인이 되었으며, 유씨도 신임을 얻어 자신과 집안이 크게 번성하였다.

洪公耆燮, 少貧甚無料, 一日朝, 婢兒踊躍獻七兩錢曰:
홍공기섭 소빈심무료 일일조 비아용약헌칠냥전왈

"此在鼎中. 米可數石, 柴可數馱, 天賜天賜." 公驚曰:
차재정중 미가수석 시가수태 천사천사 공경왈

"是何金" 卽書失金人推去等字, 付之門楣而待.
시하금 즉서실금인추거등자 부지문미이대

俄而姓劉者來問書意, 公悉言之, 劉曰: "理無失金於人之鼎内,
아이성유자래문서의 공실언지 유왈 이무실금어인지정내

果天賜也, 盍取之." 公曰: "非吾物, 何." 劉俯伏曰: "小的,
과천사야 합취지 공왈 비오물 하 유부복왈 소적

昨夜, 爲窃鼎來, 還憐家勢蕭條而施之, 今感公之廉价,
작야 위절정래 환연가세소조이시지 금감공지렴개

良心自發, 誓不更盗, 願欲常侍, 勿慮取之." 公卽還金曰:
양심자발 서불갱도 원욕상시 물려취지 공즉환금왈

"汝之爲良則善矣, 金不可取." 終不受, 後, 公爲判書,
여지위량즉선의 금불가취 종불수 후 공위판서

其子在龍, 爲憲宗國舅, 劉亦見信, 身家大昌.
기자재룡 위헌종국구 유역견신 신가대창

바보 온달과 평강 공주

고구려 평원왕의 딸이 어렸을 때 울기를 잘하였다. 임금이 놀려 말했다.

"너를 바보 온달에게 시집보내야겠구나."

공주가 장성하여 임금이 상부 고씨에게 시집보내려 하니, 임금이 약속한 말을 지키지 않으면 안 된다고 하며 한사코 마다하고 마침내 온달의 아내가 되었다.

온달은 집이 가난하여 밥을 빌어 어머니를 봉양하였는데, 그 당시 사람들은 그를 바보 온달이라고 하였다.

하루는 온달이 산에서 느릅나무 껍질을 짊어지고 돌아오니, 공주가 찾아와서 "제가 당신의 아내입니다."라고 말했다.

공주가 자신의 머리 장식품을 팔아 밭과 집과 여러 살림살이를 사서 꽤 부유하게 되고, 말을 많이 길러서 온달을 도우니 마침내 이름을 드날리고 영예롭게 되었다.

高句麗平原王之女. 幼時好啼, 王戲曰: "以汝, 將歸愚溫達."
고구려평원왕지녀 유시호제 왕희왈 이여 장귀우온달

及長, 欲下嫁于上部高氏, 女以王不可食言. 固辭,
급장 욕하가우상부고씨 여이왕불가식언 고사

終爲溫達之妻. 蓋溫達, 家貧, 行乞養母, 時人, 目爲愚溫達也.
종위온달지처 개온달 가빈 행걸양모 시인 목위우온달야

一日, 溫達, 自山中, 負楡皮而來. 王女訪見曰:
일일 온달 자산중 부유피이래 왕녀방견왈

"吾乃子之匹也." 乃賣首飾, 而買田宅器物頗富,
오내자지필야 내매수식 이매전택기물파부

多養馬以資溫達, 終爲顯榮.
다양마이자온달 종위현영

제**25**편

권 학 勸學

배움에는 때가 있으니

제목처럼 학문을 권장하는 문장들로
이루어져 있습니다.
시간은 사람을 기다려 주지 않고,
배움에는 때가 있으니
부지런하고도 끊임없이 학문에 힘쓰라고 권합니다.

빅데이터 시대에 10대가 꼭 알아야 할
명심보감

오늘 배우지 않고서
내일이 있다 말하지 말라

주자가 말했다.

"오늘 배우지 않고서 내일이 있다고 말하지 말며,

올해 배우지 않고서 내년이 있다고 말하지 말라.

해와 달은 지나가고

세월은 나를 위해 더디 가지 않는다.

아! 늙었구나.

이는 누구의 허물인가?"

朱子曰: "勿謂今日不學而有來日, 勿謂今年不學而有來年,
주 자 왈   물 위 금 일 불 학 이 유 내 일   물 위 금 년 불 학 이 유 내 년

日月逝矣, 歲不我延. 嗚呼老矣. 是誰之愆."
일 월 서 의   세 불 아 연   오 호 노 의   시 수 지 건

늙기는 쉽고, 학문은 이루기 어려우니

소년은 늙기 쉽고
학문은 이루기 어려우니,
짧은 시간도 가벼이 여기지 말라.
연못가의 봄풀은 꿈에서 깨지 못하였는데,
섬돌 앞 오동나무 잎은 벌써 가을 소리를 내는구나.

少年易老學難成, 一寸光陰不可輕. 未覺池塘春草夢,
소 년 이 노 학 난 성   일 촌 광 음 불 가 경   미 각 지 당 춘 초 몽

階前梧葉已秋聲.
계 전 오 엽 이 추 성

배움에도 때가 있다

도연명(남북조 시대의 시인)이 시에서 말했다.

"젊음은 두 번 다시 오지 않고,

하루에 새벽이 두 번 있기 어려우니,

때가 이르거든 마땅히 학문에 힘써라.

세월은 사람을 기다리지 않느니라."

陶淵明詩云: "盛年不重來, 一日難再晨, 及時當勉勵,
도 연 명 시 운   성 년 부 중 래   일 일 난 재 신   급 시 당 면 려

歲月不待人."
세 월 부 대 인

반걸음이 모여 천리가 된다

순자가 말했다.
"반걸음을 쌓지 않으면
천 리에 이르지 못하고,
작은 물줄기가 모이지 않으면
강과 바다를 이루지 못하느니라."

荀子曰: "不積跬步, 無以至千里, 不積小流, 無以成江河."
순 자 왈   부 적 규 보 무 이 지 천 리 부 적 소 류 무 이 성 강 하